わたしの正信偈

教えのかなめ

玉木 興慈
Tamaki Koji

【目　次】

＊本書中の「正信偈」については、『日常勤行聖典』（本願寺出版社）を用いております。
＊聖教の引用については、『浄土真宗聖典（註釈版）第二版』は『註釈版聖典』、『浄土真宗聖典（七祖篇）註釈版』は『註釈版聖典（七祖篇）』と略記しております。

はじめに　正信偈とは

一番、なじみの深いお経は？

あなたにとって一番なじみの深い経典（お経）は何ですか？　もしこの質問をされた時に、あなたはどのように答えるでしょうか。

浄土真宗の家庭に生まれ育った人にとって、最もなじみの深いお経、それは「しょうしんげ」でしょう。正式には「正信念仏偈《しょうしんねんぶつげ》」といいますが、「しょうしんげさん」「おしょうしんげ」とも呼ばれ、朝夕のお勤めとして親しまれています。

私は龍谷大学で、二年生の学生と「正信念仏偈」をともに学ぶ講義を受け持つことがあります。主に学生に発表をしてもらいながら、進めていく演習（ゼミ）と呼んでいる時間です。発表では、「正信念仏偈」の漢文・書き下し文・現代語訳・内容説明と順に進んでいきますが、漢文を読む際に、リズミカルに読む学生がいます。大学の講義ですから、抑揚を付けずに読んでもらえればよいのですが、おそらくこの学生は、小さい時から読み慣れているためか、自然と草譜《そうふ》や行譜《ぎょうふ》の節回しが出てくるのでしょう。

ある時、講義で「正信念仏偈は経典ですか？」という質問をしたことがあります。自然と節を付けて発表をする学生は、自信を持って「はい！」と答えます。小さい時からお寺の本堂で、またお仏壇の前で家族とともに唱和しているものですから、「お経です」という答えを全く疑いもしません。「なぜ先生はこんな当たり前のことを尋ねるのだろう」と思っているのかもしれません。

では、果たして本当に「正信念仏偈」はお経なのでしょうか？

仏教に関する書物は、大きく「経」「論」「釈」に分けることができます。「経」は、お釈《しゃ》迦《か》さま（釈尊）がお説きになられたものです。それを菩薩が受けとめて記されたものを「論」といいます。「経」や「論」をさらに解釈したものを「釈」と呼びます。「正信念仏偈」は、親鸞聖人《しんらんしょうにん》がお書きになられた『顕浄土真実教行証文類《けんじょうどしんじつきょうぎょうしょうもんるい》』（『教行信証』）の行巻《ぎょうかん》の末尾に置かれているもので、お釈迦さまがお説きになられたものではありません。ですから、厳密にはお経ということはできません。

偈前の文

親鸞聖人はどのようなお気持ちで「正信念仏偈」をお書きになられたのでしょうか。『教行信証』行巻に「正信念仏偈」が記される直前に「偈前《げぜん》の文《もん》」と呼ばれる文があります。そこには次のように記されています。

しかれば大聖《だいしょう》（釈尊）の真言《しんごん》に帰《き》し、大祖《たいそ》の解釈《げしゃく》に閲《えつ》して、仏恩《ぶっとん》の深遠《じんのん》なるを信知《しんち》して、「正信念仏偈《しょうしんねんぶつげ》」を作《つく》りていはく

（『註釈版聖典』二〇二頁）

そこで、釈尊のまことの教えにしたがい、また浄土の祖師方の書かれたものを拝読して、仏の恩の深いことを信じ喜んで、次のように「正信念仏偈」をつくった。

（『教行信証（現代語版）』一四三頁）

お釈迦さまの説かれたまことの教えにしたがって書かれたものということです。まこ

との教えとは、『仏説無量寿経《ぶっせつむりょうじゅきょう》（大経）』という経典に説かれる阿弥陀仏のご本願を指します。

「正信念仏偈」とは、「念仏の教えを正信する偈」という意味で、偈とは「うた」ということです。「正信念仏偈」は、一句が七文字で表され、六十行百二十句からなっています。

最初の二句「帰命無量寿如来《きみょうむりょうじゅにょらい》　南無不可思議光《なもふかしぎこう》」は帰敬序《ききょうじょ》と呼ばれ、「正信念仏偈」のまとめであり、親鸞聖人の信心が明かされている文です。

続く「法蔵菩薩因位時《ほうぞうぼさついんにじ》」から「難中之難無過斯《なんちゅうしなんむかし》」までの四十二句は、依経段《えきょうだん》と呼ばれ、『仏説無量寿経』に依りながら、阿弥陀仏のご本願を讃嘆する文です。

そして「印度西天之論家《いんどさいてんしろんげ》」から「唯可信斯高僧説《ゆいかしんしこうそうせつ》」までの七十六句は、依釈段《えしゃくだん》と呼ばれ、七高僧の「論」「釈」に依りながら、阿弥陀仏の本願を讃嘆する文が続きます。七高僧とは、インドの龍樹菩薩《りゅうじゅぼさつ》・天親《てんじん》菩薩、中国の曇鸞大師《どんらんだいし》・道綽禅師《どうしゃくぜんじ》・善導《ぜんどう》大師、日本の源信《げんしん》和尚《かしょう》・源空聖人《げんくうしょうにん》です。

親鸞聖人にとっては、七高僧は『仏説無量寿経』の心を正しく継承された方々ですから、「正信念仏偈」は全体を通じて、『仏説無量寿経』の心が記されているということができます。ですから、厳密な意味では経典ということはできないかもしれませんが、経典に準ずるものとして、浄土真宗では大切に拝読をしています。

声に出して

「正信念仏偈」は、いつ頃から日常のお勤めとして親しまれるようになったのでしょうか?

浄土真宗中興の祖といわれる本願寺第八代宗主蓮如上人《しゅうしゅれんにょしょうにん》（一四一五～一四九九）の頃からです。蓮如上人は、文明五（一四七三）年に、「正信念仏偈」と「三帖和讃《さんじょうわさん》」を四帖一部として開版しましたが、それ以前は、七高僧の第五祖である中国唐時代の善導大師（六一三～六八一）の『往生礼讃《おうじょうらいさん》』が勤行の主流でした。

『往生礼讃』には、浄土往生を願う者が六時（日没・初夜・中夜・後夜・晨朝・日中）

に修すべき礼法が明かされています。上手に唱えることができれば、得も言われぬ見事な調べとなるのですが、それは非常に難しいといわねばなりません。

蓮如上人が定められた「正信念仏偈」「三帖和讃」は、『往生礼讃』に比べると唱えることが容易で、一気に普及していきました。現在は、朝夕の二回の勤行として大切に、また親しみをもって拝読されています。

繰り返しになりますが、親鸞聖人がお書きになり、蓮如上人によってひろく普及することとなった「正信念仏偈」は「うた」です。

大学の講義では、年に一度、普段の教室を離れ、顕真館《けんしんかん》（礼拝施設）で学生とともに「正信念仏偈」のお勤めをするようにしています。日頃は、あまり大きな声で話さない学生も、この時はビックリするほど、堂々とお勤めをしている姿を見ることができます。

これから「正信念仏偈」のご文を通して、親鸞聖人が出遇《であ》われた世界を、ともに味わっていきます。

「正信念仏偈」のご文を声に出しながら、読み進めていただければと思います。

帰敬序

帰命《きみょう》無量寿如来《むりょうじゅにょらい》　南無不可思議光《なもふかしぎこう》

【書き下し】
無量寿如来《むりょうじゅにょらい》に帰命《きみょう》し、
不可思議光《ふかしぎこう》に南無《なも》したてまつる。
（『註釈版聖典』二〇三頁）

【現代語訳】
限りない命の如来に帰命し、
思いはかることのできない光の如来に帰依したてまつる。
（『教行信証（現代語版）』一四三頁）

一、き〜みょ〜う　む〜りょ〜う

浄土真宗のお仏壇

さあ、「正信偈」のご文《もん》を読んでいきましょう。

まず最初の二句です。「き〜みょ〜うむ〜りょ〜う」のフレーズは、多くの方の心に懐かしく残っていると思います。家族とともに、お仏壇の前に座ってお勤めをしたことのある方なら、どなたでも口ずさむことはできるでしょう。

あなたが「正信偈」をお勤めしているお仏壇のご本尊《ほんぞん》は、阿弥陀如来《あみだにょらい》（南無阿弥陀仏《なもあみだぶつ》）ですね。六字のお名号《みょうごう》であったり、ご絵像、お木像《もくぞう》であったりしますね。ではその両側はどうでしょうか。向かって右側には十字名号、左側には九字名号のお軸です。または右側には親鸞聖人、左側には蓮如上人の御影《ごえい》が掛けられているかもしれません。

お仏壇について、かつて苦い思い出があります。私は高校一年生の時にお得度《とくど》（僧侶になるための儀式）を受けさせていただきました。その時に、ご講師の先生から「お仏壇のご本尊《ほんぞん》の両側はどうなっていますか？」と尋ねられました。「右が親鸞聖人で、左が蓮如上人です」と答えましたが、続いて「その他はありませんか」と質問を重ねられ、「あっ、お名号のことだな」と思いましたが、緊張していたせいでしょうか、右と左、どちらがどちらか、わからなくなりました。私の心を見透かしたかのように、先生が、「正信念仏偈を唱えてみなさい」とおっしゃったので、「帰命無量寿如来《きみょうむりょうじゅにょらい》　南無不可思議光《なもふかしぎこう》」と唱えました。「帰命《きみょう》が右で、南無《なも》が左だよ」と優しく教えてくださいました。

（なぜ右が先で、左が後なのかは教えてもらえませんでしたが）一度、そんなことがあると、決して忘れません。帰命で始まる帰命尽十方無碍光如来《きみょうじんじっぽうむげこうにょらい》（十字名号）が右、南無で始まる南無不可思議光如来《なもふかしぎこうにょらい》（九字名号）が左ですね。中央の六字名号とともに、すべて阿弥陀如来です。

南無・帰命とは

では、六字・十字・九字のお名号にはどのような意味があるのでしょうか。帰命と南無の語から見てみましょう。サンスクリット語（梵語）のナマス（namas）、パーリ語のナモー（namo）を音写したものが南無であり、意訳したものが帰命です。音写とは、発音を漢字に写すということです。アメリカを米国、イギリスを英国と表記しますが、これはアメリカを亜米利加、イギリスを英吉利と音写したことによるものです。

ですから、南無という二文字の漢字を見て、「南では無いから北かな」ということではありません。「南」と「無」という漢字の意味をどれだけ辞書で調べてみても、南無の意味を導くことはできません。南無の意味は、原語の意味を知らなければなりません。ナマス・ナモーとは、心から信じ敬うという意味ですから、南無も帰命も、心から信じ敬うということです。

何に対して心から信じ敬うというのでしょうか。

浄土真宗ですから、即座に、「阿弥陀仏《あみだぶつ》を心から信じ敬うのです」という答えが聞こえてきます。「正信偈」では「無量寿如来《むりょうじゅにょらい》」「不可思議光《ふかしぎこう》」と記されています。お仏壇のお名号では、「尽十方無碍光如来」「不可思議光如来」ですね。

心から信じ敬うとは

では、心から信じ敬うとはどういうことでしょうか。

日々の暮らしの中で、失敗をして多くの人に迷惑をかけることがあります。また、多くの人にお世話になりながら生活をしています。そんな時、「心からおわび申し上げます」「心からお礼申し上げます」と、言葉にすることがあります。心からというのは、真心込めて、誠心誠意ということでしょう。

真心・誠の心は、日本（人）の美徳の一つともいわれますが、なかなか容易なことではありません。

人が人を信じる心を、信用・信頼と表すことができます。この言葉・心を考えてみると、三つの段階に分けることができるようです。

一つ目は、初対面の人を信じることは難しいということです。初対面の時には相手がどのような人かわかりません。けれども、会う回数が増え、言葉を交わすことによって、相手を知り、互いに信じ合うことができます。

では、相手をより深く知ることができれば、最後には相手の全《すべ》てを知ることはできるでしょうか。四六時中、常に言葉を交わすことができれば、その時間の相手のことはわかるかも知れませんが、常に離れずにいることはできません。そうしますと、相手をどんどん知ることはできますが、知らない部分・未知の部分が残るということです。未知の部分は残りますが、そこを含めて相手を信じたいという想い、これが第二の特徴です。

話がここで終われば美しい人間関係ということができます。多くの場合は、美しいまま終わるのかも知れません。けれども時として、未知の部分を信じていたがために、裏切られることもあります。これが第三の特徴です。

人と人との関係において、信じていた人に裏切られることほど、腹を立て、むなしく、後悔をすることはないでしょう。逆に、はじめから信じていなかった人に裏切られたとしても、腹を立てることはないでしょう。そもそも、はじめから信じていないのですから、裏切られることもないですね。

私たちが心から信じ敬うということは、裏切られることのない、究極の依《よ》りどころとして信じ敬うということなのです。それは人に対して抱く心ではなく、仏さまに対して抱く心ということができます。

決して裏切らない依りどころとして、私は阿弥陀仏に南無します、帰命します、と「正信偈」のはじめに唱えるのです。けれども、大切なことを忘れてはいけません。私がなぜ南無するのでしょう。私がなぜ帰命することができるのでしょうか。

そのことを親鸞聖人は『教行信証』行巻に示してくださっています。六字釈《ろくじしゃく》と呼んでいるところです。そこでは「南無《なも》の言《ごん》は帰命《きみょう》なり」と記され、細かく丁寧に意味を明らかにされた後、「帰命《きみょう》は本願招喚《ほんがんしょうかん》の勅命《ちょくめい》なり」(『註釈版聖典』一七〇頁)とまとめられます。

帰命とは、阿弥陀仏の本願が招喚《しょうかん》する(招き喚《よ》ぶ)勅命《ちょくめい》(仰せ)だというのです。阿弥陀仏という仏さまが、今、ここに生きている私に喚びかけてくださっているのです。

先にご紹介した「偈前の文」に「仏の恩の深いことを信じ喜んで」とありました。阿弥陀仏のおこころ・喚び声をうけて、私が阿弥陀仏に南無します、帰命します、という言葉から「正信偈」は始まります。

最初の二句は帰敬序と呼ばれていますが、「正信偈」の最も大切な部分ということができるでしょう。

二、無限のいのちと無限のひかり

阿弥陀とは

次に、阿弥陀仏（如来《にょらい》）について考えてみましょう。

阿弥陀仏の阿弥陀とは、サンスクリット語のアミターユス（Amitāyus）とアミターバ（Amitābha）を音写したものです。ナマス（namas）を南無と音写したのと同じです。

ではアミターユス・アミターバとはどのような意味でしょうか？

アミターユスは無量の寿命（無量寿《むりょうじゅ》）、アミターバは無量の光明（無量光《むりょうこう》）という意味です。阿弥陀仏とは、無量寿と無量光の仏さまなのです。無量とは、量がないということではありません。量をはかることができないということです。限りがなく、無限といってもよいでしょう。

無量寿とは、無限のいのちですから、始まりがなく終わりがないということです。二十一世紀を生きている現在の私たちも、過去に生きた私たちの祖先も、未来に生きる私たちの子孫も、皆、阿弥陀仏とともにいるのです。

無量光とは、その光が至らないところがないということです。何があってもさえぎられることがない光です。私たちの日常の経験では、そのような光を知ることはできません。思いはかることのできない光なのです。

また如来とは仏のことです。仏にはさまざまな呼び名がありますが、如来はその一つです。真実のさとりから、私たち衆生《しゅじょう》の世界へ来られたということです。

無量寿如来も不可思議光も、ともに阿弥陀仏のことなんですね。

無量寿無量光の仏さま

現代は闇がなくなった時代であるといわれます。二十四時間営業のコンビニエンスストアなどがあり、深夜でも煌々《こうこう》と明かりがついています。闇の怖さを忘れた時代ということができるかもしれません。光の有り難さや温かさを忘れた時代ともいえるでしょう。私たちに大きな恵みをもたらしてくれる太陽の光も、無量の光明ということはできません。太陽に背を向けて立つと、前には影ができますね。私の身体が日光をさえぎっているからです。地球の半分が昼であれば、半分は夜だということも同じことですね。これらは、太陽の光が、無量ではないということを表しています。

阿弥陀仏の光明は、何によってもさまたげられることはありません。何があっても、それを貫き通すような光なのです。まさに不可思議光であり、尽十方無碍光です。東西南北の四方、その間の南東・北東・南西・北西の四維《しい》に、上下を合わせて十方です。十方を尽くしてあらゆる方角に向かって、なにものにも碍《さまた》げられない（無碍光）ということです。

このように、アミターバが空間的にすべてを包む仏さまであるとすれば、アミターユスは時間的にすべてを包む仏さまということです。過去・現在・未来に生きるすべての衆生を包む仏さまです。

過去・現在・未来のすべての衆生を、ということもできますし、過去・現在・未来の私をということもできます。生まれてから、今も、そしていのち終わる時まで、無量寿の仏さまは、いつの私も、どんな時も、私とともにいてくださる仏さまです。無量光の仏さまは、どんな私でも、私とともにいてくださる仏さまです。

子どもしかるな　来た道だもの
年寄り笑うな　行く道だもの

道を歩いていると、さまざまな言葉に出会います。あるお寺の掲示板に掲げられていた言葉です。

子どもは多くの失敗をしながら成長をするものですね。一人で食事をできない間は、周囲の大人が飲み物や食べ物を口に運んでやります。自分でスプーンやフォークを使い始めると、苦労しながら自分で口に運ぼうとしますが、上手に口に運べずに、口の周りや衣類を汚したりしますね。そこで子どもをしからずに、子どもの成長の過程として、朗《ほが》らかに見つめましょうということです。昨日できなかったことが、今日できるようになっていくのですね。

私のお預かりしているお寺は大阪にあり、月忌参《がっきまい》りがあります。毎月のお参りに寄せていただくと、夏には冷たい麦茶を、冬には温かいお茶やコーヒーなどを出していただきますが、器からこぼれていることがあります。お年をめされて、台所から仏間に来られる時に、不安定になるのでしょう。

また、仏間が二階にあるお宅に寄せていただくと、玄関で迎えていただいて、「若さん、ゴメンやけど、足が痛くて二階に上がられへんから、下からお勤めさせてもらいます」とおっしゃる方もおられます。

年を重ねていくと、先月できたことでも、今月はできなくなっていくのですね。できない子どもをしからないように、できないお年寄りを笑わないようにという言葉です。この言葉の通りに過ごせる時もありますが、そうではない時もありますね。

駅の券売機も複雑になっていますから、どのボタンを押すのかわからずに戸惑っているお年寄りを見かけると、優しく声をかける時もあります。また、小さなお子さんに代金の硬貨を入れさせてあげようとしている親子を見かけると、ほほ笑ましく眺める時もあります。それは、私の心に（時間に）余裕のある時ですね。急いでいる時には、優しさもほほ笑みもどこかに消えてしまい、「早くしてほしいなぁ」という気持ちになってしまいます。

駅の階段で一段一段ゆっくりと歩を進める子どもやお年寄りに対しても同じですね。「転ばないように気を付けてね」「エスカレーターもあるけど、運動のつもりで頑張って歩いておられるんやな」と思い、追い越さずに後ろについて、歩を合わせることもありますが、急いでいる時には、サッと追い越してしまうこともあります。

私の都合で、さまざまな思いを抱いてしまいます。自分の都合で、相手への接し方がコロコロと一八〇度変わってしまう頼りない存在が、私という存在です。

阿弥陀仏という仏さまは、いつの私も、どんな私でも、ともにいてくださる仏さまです。決して裏切ることのない真実の依りどころとなるのが阿弥陀仏です。

日々の暮らしの中で、阿弥陀仏からの喚び声を聴き続けていきたいものです。そして、お仏壇の前に座って、お仏壇の六字名号、九字名号、十字名号に手を合わせつつ、「帰《き》命無量寿如来《みょうむりょうじゅにょらい》（無量寿如来《むりょうじゅにょらい》に帰命《きみょう》し）、南無不可思議光《なもふかしぎこう》（不可思議光《ふかしぎこう》に南無《なも》したてまつる）」と声に出して唱えましょう。もちろん、ご絵像やお木像などの場合も同じです。

阿弥陀仏《あみだぶつ》については、十二光（普放無量無辺光《ふほうむりょうむへんこう》　無碍無対光炎王《むげむたいこうえんのう》　清浄歓喜智慧光《しょうじょうかんぎちえこう》　不《ふ》断難思無称光《だんなんじむしょうこう》　超日月光照塵刹《ちょうにちがっこうしょうじんせつ》）のところで、丁寧にお話をさせていただきます。

法蔵菩薩の発願（1）

法《ほう》蔵《ぞう》菩《ぼ》薩《さつ》因《いん》位《に》時《じ》　在《ざい》世《せ》自《じ》在《ざい》王《おう》仏《ぶつ》所《しょ》
覩《と》見《けん》諸《しょ》仏《ぶつ》浄《じょう》土《ど》因《いん》　国《こく》土《ど》人《にん》天《でん》之《し》善《ぜん》悪《まく》
建《こん》立《りゅう》無《む》上《じょう》殊《しゅ》勝《しょう》願《がん》　超《ちょう》発《ほっ》希《け》有《う》大《だい》弘《ぐ》誓《ぜい》

【書き下し】

法蔵菩薩《ほうぞうぼさつ》の因位《いんに》の時《とき》、世自在王仏《せじざいおうぶつ》の所《みもと》にましまして、
諸仏《しょぶつ》の浄土《じょうど》の因《いん》、国土人天《こくどにんでん》の善悪《ぜんあく》を覩見《とけん》して、
無上殊勝《むじょうしゅしょう》の願《がん》を建立《こんりゅう》し、希有《けう》の大弘誓《だいぐぜい》を超発《ちょうほっ》せり。

（『註釈版聖典』二〇三頁）

【現代語訳】

法蔵菩薩の因位のときに、世自在王仏のみもとで、

仏がたの浄土の成り立ちや、その国土や人間や神々の善し悪しをご覧になって、この上なくすぐれた願をおたてになり、世にもまれな大いなる誓いをおこされた。

（『教行信証（現代語版）』一四三頁）

一、ありのまま、素直な気持ちで

朝のお勤め

これまで、帰敬序と呼ばれている「正信偈」の最初の二句について話しました。ここからは「依経段」について話していきます。依経段は「法蔵菩薩因位時《ほうぞうぼさついんにじ》」から「難中《なんちゅう》之難無過斯《しなんむかし》」までの四十二句ですが、ここでは親鸞聖人が最も大切にされた経典の一つである『仏説無量寿経』に依りながら、阿弥陀仏の本願がほめたたえられます。

浄土真宗で最も親しまれているお勤めは「正信偈」ですが、ゆっくりとお勤めをすると、三十分から四十分ほどの時間になります。毎朝、ゆっくりとお勤めをする時間を持ちたいものですが、なかなか難しいことです。

「もっと短いお経はないのかなぁ」と尋ねられることがあります。「ご本山は正信偈だしなぁ」と少し迷ってから、龍谷大学の毎朝の勤行について話をします。

龍谷大学は三つの学舎に分かれており、学舎によってお勤めは異なりますが、毎朝始業前の十五分間、お勤めの時間があります。ご本山に近い大宮学舎では、「浄土三部経《じょうどさんぶきょう》」の繰り読みをしています。「浄土三部経」は『仏説無量寿経』『仏説観無量寿経《ぶっせつかんむりょうじゅきょう》（観経）』『仏説阿弥陀経《ぶっせつあみだきょう》（小経）』を言いますが、十五分ほどの時間で区切りながら、毎朝読み進めていくのです。そこで、お尋ねの方に「順番に進められたらどうですか」と申し上げると、「お経を途中で切るのは嫌やなぁ」とおっしゃるので、『仏説無量寿経』の中に収められている偈文はと思い、「讃仏偈《さんぶつげ》」と「重誓偈《じゅうせいげ》」をお勧めしました。「光顔巍巍《こうげんぎぎ》　威神無極《いじんむごく》」で始まる「讃仏偈」、「我建超世願《がごんちょうせがん》　必至無上道《ひっしむじょうどう》」ではじまる「重誓偈」、いずれも深草学舎（京都市伏見区）・瀬田学舎（滋賀県大津市）でお勤めされているものです。

讃仏偈

「讃仏偈」とは、仏を讃嘆する偈ということです。讃嘆するとは、ほめたたえることです。偈は、「正信偈」の偈と同じく「うた」です。では、ここの仏とは何でしょうか？

大学の授業で学生に尋ねると、多くの学生は「阿弥陀仏ですか」と答えますが、「本当？」と再度尋ねると、慌てて「いえ、釈尊《しゃくそん》です」と答え直します。僕はニタっとして、「本当に？」ともう一度尋ねると、答えに困ってしまいます。

浄土真宗の教えを少し聞き、学び始めると、仏とは、阿弥陀仏か釈迦仏《しゃかぶつ》（釈尊）のいずれかだと思い込んでしまいがちです。けれども、「讃仏偈」の仏はそうではありません。『仏説無量寿経』を拝読すると、「讃仏偈」をうたうのは法蔵菩薩《ほうぞうぼさつ》であることがわかります。法蔵菩薩とは、のちに阿弥陀仏となる菩薩さまです。「法蔵菩薩の因位《いんに》の時に」ということです。因は原因ということで、結果に対する言葉です。阿弥陀仏という仏さまが結果であるとすれば、そのもとの原因の位の時が、法蔵菩薩という菩薩さまです。

法蔵菩薩が願を建て（発願）、阿弥陀仏となられるのですが、法蔵菩薩は師仏である世自在王仏《せじざいおうぶつ》のもとで、発願されるのです。師仏とは師匠の仏さまですね。

少しくどくなりましたが、法蔵菩薩が世自在王仏を讃嘆するうたが「讃仏偈」です。

「讃仏偈」の仏とは、世自在王仏なんですね。

讃嘆するということ

言葉のニュアンスの違いですが、讃嘆することとほめることとは少し違うように思えます。最近はテレビの時代劇が少なくなってしまいましたが、殿さまが手柄のあった家来に向かって「ほめてつかわす」というせりふを語ります。逆に家来が目上に向かって「ほめる」というと、「無礼な奴め、けしからん」ということになるでしょう。

綺語《きご》という言葉もありますね。仏教で十悪の一つに数えられるものです。綺麗な語ということですが、まことのない綺麗な言葉ですから悪なのです。お世辞を言って相手をおだてて喜ばせたり、油断させたりして、陰で笑うということですね。

「讃仏偈」の全体を通じて、法蔵菩薩が師仏である世自在王仏を讃嘆されるのですが、讃嘆するとは、ほめるだけではありません。綺語とは正反対のこころです。「讃仏偈」には次のようなご文があります。

願我作仏《がんがさぶつ》　斉聖法王《ざいしょうほうおう》　過度生死《かどしょうじ》　靡不解脱《みふげだつ》

（願《ねが》はくは、われ仏《ぶつ》とならんに、聖法王《しょうほうおう》に斉《ひと》しく、生死《しょうじ》を過度《かど》して、解脱《げだつ》せざることなからしめん）

（『註釈版聖典』一二頁）

自分もあのようになりたいと思えるこころが、讃嘆するということなのでしょう。けれども、こころから讃嘆することはなかなか難しそうです。

Aさんはきれいな字を書くなぁ。

Bさんは人前で上手に話すなぁ。

Cさんはパソコンを上手に使いこなすなぁ。

いずれも自分よりも優れた点を持っている人をほめる心です。自分自身のふがいなさを知るからこそ、人を讃えることができるので、それは美しい心ということができます。けれども、その人のすべてをほめているわけではありませんね。この人のこの点は優れているけど、あの点はダメだ、私の方がマシだと考えてしまいます。法蔵菩薩が世自在王仏を讃嘆されるこころは、世自在王仏のすべてをほめたたえているのです。師に出遇うということはこういうことなのでしょう。

自分の至らないところを隠す必要はないし、隠そうとも思わない。隠すことができないという方が正しいかもしれません。逆に、自分の長所をむやみにアピールする必要もありませんね。ありのままの私を厳しく、そして温かく見守ってもらえることが、師との出遇いの尊さでしょう。

以前、あるご門徒のお宅で、お勤めの後に話をしていると、「若さんはええ声でお勤めしてくれるなぁ」とおっしゃっていただきました。素直に喜べばよいのですが、「今日はのどの調子がよかったからかな」「今月がよかっただけなのかなぁ」と、いろいろと勘ぐってしまいます。素直じゃないですね。

さらに翌月、同じお宅に寄せていただいて、お仏壇の前に座った途端に先月の言葉を思い出し、「今日は大丈夫かな」「今月もええ声って思ってくれるかなぁ」などといった思いを抱きながらお勤めすることもあります。清らかな心からはほど遠いですね。

背伸びすることなく、卑下することなく、阿弥陀仏の前でありのままの自分でいられるということが、本当の教えに出遇うということです。

難しいことですが、阿弥陀仏の前に座らせていただいて、お勤めをさせていただく時には、素直な気持ちで、阿弥陀仏を讃嘆していきたいものです。

二、願われている私

お仏壇のお荘厳

私のお預かりしているお寺では、月忌参りがあります。ご法事は遠方にお住まいの親戚の方々や、平日のお仕事の方が集まりやすいように、土曜日か日曜日に勤められます。そのため、月忌参りが土曜日か日曜日にあたると、寄せていただく時間は確定しません。一方、平日の月忌参りは、寄せていただく時間がほぼ毎月同じ時間帯になります。

ある平日、私の（大学の講義の）都合で、いつもよりも二時間ほど早くに寄せていただいた時のことです。チャイムを鳴らして仏間にあがらせてもらうと、ご門徒さんが、慌てているご様子でした。

「いつもより早くに寄せていただいて、申し訳なかったなぁ」と思いながら、お仏壇のお荘厳を整えられるのを待っていました。ご本尊にお仏飯を供えたり、お光を灯すための電気のスイッチを入れたり……、若くて元気な私（と、本人が思っているだけかもしれませんね）には何でもないことのように思っていましたが、腰の悪いご門徒さんは、一生懸命に背中を伸ばしたり、ヨッコラショと手を伸ばしてスイッチを入れたりしておられました。

これまで当たり前のようにお仏壇の前に座ってお勤めをさせていただいていましたが、

私が寄せていただくまでに、私の見えないところでの設《しつら》えがあったのだなぁと、あらためて気付かせていただきました。きちんとお荘厳がされているから、当たり前にお勤めを始められますが、お荘厳が整っていなければ、お勤めに集中することもできないのですね。

依経段のはじめに、法蔵菩薩が師仏である世自在王仏のもとで発願《ほつがん》されると述べられます。これは、私の気付くはるか以前から、私への願いがかけられていたということです。

この上なくすぐれた願

法蔵菩薩が建てられた願いは、正信偈には「無上殊勝《むじょうしゅしょう》の願」とあらわされます。「むじょう」という音（響き）を聞くと、仏教・浄土真宗を学び始めて間もない学生は、「諸行無常」の無常を思い浮かべますが、ここでは、「無常」ではなく、「無上」です。上がないということですから、最上・最高ということです。

では、「殊勝」とはどういうことでしょうか。

法蔵菩薩と同じように、私たちもさまざまな願いを抱きます。仏道における願い、世俗における願いなど、さまざまですが、世俗における願いにはどんなものがあるでしょうか。

私は二十歳の頃に自動車の免許を取得することができました。当初は、家族と共用でも、新車でなくても、小さな車でも、自分で運転することが楽しみでした。けれども、しばらくすると、家族と共用ではなく、自分専用の車が欲しいなぁ……新車が……大きめの車が…と、次から次へと願いが変化し、増大していきました。

また、大学で講義をさせていただくようになると、このネクタイはもう飽きたなぁ……また新しいのが欲しいなぁ……などと、次から次へと私の欲は際限なく、広がっていきます。

私の仏道における願いも同じようです。浄土真宗の学びは「学仏大悲心《がくぶつだいひしん》」です。大学院での学びの一区切りを迎える時に、恩師から色紙をいただきました。色紙には「学仏大悲心」とあり、毎日、机に座って目にしている言葉です。仏さまの大きな慈悲のお心を学ばせていただくということです。

けれども時として、「賢いと思われたい」「人との議論に負けたくない」といった思いから、お聖教を開くことがないとも言えません。大切なお聖教を拝読させていただきながら、邪《よこしま》な思いを抱いているということです。

このように、仏道における願い、世俗における願いとも、その多くは、私のありのままの姿を良しとせず、自分を守ろうとしたり、自分を誇示しようとする願いであるといえるでしょう。

法蔵菩薩が建てられた願いは、このような願いではありません。

正信偈の依経段は、『仏説無量寿経』に依りながら記された文言です。『仏説無量寿経』の法蔵菩薩の発願の場面には、「所着《しょじゃく》なし」（『註釈版聖典』一五頁）と記されています。少しのとらわれもなかったというのです。

また、この願いを建てられる時に、法蔵菩薩は「仏がたの浄土の成り立ちや、その国土や人間や神々の善し悪しをご覧になって」おられます。得手勝手に自分の願いを建てられたのではありません。コロコロと変わるような手近な願いでもなければ、自分や自分の周囲の喜びを優先させたいという願いではないのです。

このような願いであるからこそ、「この上なくすぐれた願」ということができるのでしょう。

世にもまれな大いなる誓い

所によって異なりますが、七月・八月に各地でお盆の時期を迎えます。この一年間に往生された方のあるお宅に、初盆（新盆）として寄せていただくと、やはり、往生された方のことが話題に上ります。

あるご家庭で、尊いお話を聞かせていただきました。

往生されるまでの晩年は寝たきりの状態でおられたため、長年、お母さまをご自宅で介護をしておられたお嫁さんが、「孝行したいときに親はいない、って本当ですね」と、小さな声で話を始めました。

「母が生きている時は、アレもしてやってる、コレもしてやってると思っていたけれど、今思うと、何にもしてあげられなかったなぁって思います」

「まだ寝たきりになる前に、トイレを和式から洋式にしてあげたら良かった」

「母がまだ一人でお風呂に入れる時に、冬の風呂場のタイルは冷たいから、早くに床暖房にしてあげられれば良かった」

「私がこれだけしてあげてるのに、母は感謝の言葉も言わないと腹が立つこともありましたが、私が充分にしてやれなかったんですね。思いやりの足りなかった私に、母は不平や愚痴の一つもこぼさずに、私をいとおしんでくれていたんですね」


こんな風に受けとめることのできる家庭はありがたいですね。

法蔵菩薩の願いは、私たち衆生にかけられた願いです。「私（法蔵菩薩）が仏になること」と「すべての衆生が浄土に生まれて仏になること」が、別々にあるのではないのです。「私（法蔵菩薩）が仏になりたい」という願いと、「すべての衆生を仏にしたい」という誓いとが一つになっているからこそ、「この上なくすぐれた」「世にもまれな大いなる」「誓願」ということができるのです。

私にかけられた願いを、そのまま受けとめる毎日を過ごしたいものですね。

法蔵菩薩の発願（2）

五《ご》劫《こう》思《し》惟《ゆい》之《し》摂受《しょうじゅ》　重誓《じゅうせい》名声《みょうしょう》聞《もん》十方《じっぽう》

【書き下し】

五劫《ごこう》これを思惟《しゆい》して摂受《しょうじゅ》す。重《かさ》ねて誓《ちか》ふらくは、名声十方《みょうしょうじっぽう》に聞《きこ》えんと。

（『註釈版聖典』二〇三頁）

【現代語訳】

五劫もの長い間思惟してこの誓願を選び取り、名号をすべての世界に聞こえさせようと重ねて誓われたのである。

（『教行信証（現代語版）』一四三頁）

極めて長い長い思惟

法蔵菩薩が「この上なくすぐれた願をおたてになり、世にもまれな大いなる誓いをおこされた」ことを、話しました。その願い・誓い（誓願）は、四十八個に分けて建てられるので「四十八願」と呼ばれます。ここでは、法蔵菩薩が「五劫《ごこう》もの長い間思惟《しゆい》してこの誓願を選び取られた」と示されていることについて話していきましょう。

五劫の劫とは、サンスクリット語の「カルパ（kalpa）」を音写した「劫波《ごうは》」の略語で、時間の単位をあらわします。劫の数え方の一つに、このような数え方があります。四十里四方の城に芥子《けし》の粒を満たし、百年ごとに、そこから一粒ずつ取って、全ての芥子がなくなっても、まだ劫はなくならないというのです。この数え方を芥子劫《けしこう》といいます。他に、盤石劫《ばんじゃくこう》という数え方もあります。四十里四方の大きさの石を、百年に一度、薄い衣でその石を撫で払い、その石が摩滅してなくなっても、まだ劫はなくならないというのです。

この譬えの石や城の大きさにも、さまざまな数え方があるとされますが、いずれにしても、劫だけでも、極めて長い時間ということです。その五倍が五劫ですからとんでもなく長い時間です。

法蔵菩薩は、五劫もの長い時間をかけて、思惟を重ねられたのです。

私たちにもそれぞれに、仕事の悩み、人間関係の悩み、生活の悩みなどがあります。悩みを解決するために、「ああすればいいかな？」「こうすればよかったかなぁ？」などと考えたりします。

私も、大学の講義に向かう電車の中で、いろいろなことを考えます。講義で使用する資料を前の晩に作り、その資料を見ながら、「ここの箇所で板書をしよう」「ここで少し時間をおいて学生に考える時間が必要かな」などと、その日の講義を頭の中で組み立てるのです。

講義のことに集中できればよいのですが、昨日の会議の内容を思いだして、「あの先生のあの発言の真意はどこにあるのかな」とその先生の表情が頭に浮かんだりします。しばらく講義の内容に意識を戻すのですが、「あっ、提出しないといけない原稿の締切が間近だな」「来週は気の合う先輩方と、久々に一杯できるな」などと、意識が散漫になってしまいます。

けれども、法蔵菩薩は、私たちが想像もできないほどの長い時間をかけて、私たち凡《ぼん》夫《ぶ》の救い―このことだけを考えてくださったのです。私たちは、それほどに救われがたい凡夫であるということです。

重ねての誓い

正信偈の依経段は、『仏説無量寿経』に依りながら記された文言です。『仏説無量寿経』では、四十八願の前に讃仏偈という偈がありますが、四十八願の後ろには重誓偈という偈があります。四十八願は、法蔵菩薩の願いであると同時に、誓いでもあります。重誓偈は四十八願の内容を、もう一度重ねてコンパクトに誓われた偈ということでしょう。誓いを重ねられるということは、四十八願を、短く要約したということだけではなく、その誓いが重要であるということでもあります。

重誓偈の始めには、「誓不成正覚《せいふじょうしょうがく》」の語が三度記されますので、三誓偈とも言われます。その誓いの中の第二には「普済諸貧苦《ふさいしょびんぐ》」とあり、全ての苦しみ悩む者を等しく救いたいと誓われています。私たちは、阿弥陀仏が救わずにはおれない、苦しみ悩む者であるということなのです。凡夫の中の凡夫を救うために、三つの誓いの第三に「名声超《みょうしょうちょう》十方《じっぽう》究竟靡所聞《くきょうみしょもん》」と誓われています。十方とは、あらゆる方角、全てということです。名声とは、「めいせい＝名誉・評判」ではなく、「みょうしょう＝名号」ということです。南無阿弥陀仏の名号が、全ての方角、全ての場所で聞こえないことがないようにしたいという誓いです。

全ての者を救うべく、南無阿弥陀仏の名号によるという方法を選び取り、その名号に込められた阿弥陀仏の願いを聞かせたいというのです。

名号を聞こえさせるために

龍谷大学文学部の真宗学科では、一・二年生の間に基礎演習という時間があります。

この時間は、三・四年生に向けての基礎を学ぶための時間で、学籍番号によって分けられ、どのクラスでも同じ内容を学ぶようになっています。

二年生からは学ぶ場所も、深草学舎から大宮学舎（京都市下京区）に変わりますが、演習も、学籍番号で分けられるのではなく、自分でゼミを選ぶことになります。毎年、二年生の十一月に、ゼミを担当する教員がゼミの講義内容や進め方を紹介する説明会を行い、その後、学生に希望調査をすることにしています。

ゼミの担当教員の説明も個性的で、「真面目に真宗学を学びたい人に来てほしい」という先生から、「真宗学になじめないでいる人にぜひ来てほしい」という先生までおられます。もちろん、学生も真剣にその話を聞きますが、説明会の後に、私の所へ「玉木先生の推薦する先生はどなたですか？」と質問に来る学生がいます。私がゼミを担当する年度にその質問を受けると、複雑な気持ちになってしまいます。尋ねに来るということは、玉木ゼミを希望しないということでしょうから、残念な気持ちになります。自分のゼミを推したい気持ちもありますが、自分で自分のゼミが良いと自画自賛するのもおかしいので、それぞれのゼミの特徴を、私の知る範囲で語るようにしています。

年度がかわり、その学生が三年生になって大宮学舎で会った時に、声をかけて尋ねると、「結局、部活の先輩の意見を参考にしました」と言われたことがあります。

なるほど、そうですね。

学生からすれば、先生の言葉は、「先生の立場」の言葉なんですね。部活動の先輩は、すでに、ある先生のゼミを受講していますので、学生の立場から、そのゼミの雰囲気や、ゼミの良さを語ることができるのでしょう。

私のゼミにも、一・二年生の時に教えたことのない学生が希望をしてくれることがあります。聞いてみると、その学生の従兄や先輩が私のゼミに所属していたということがわかりました。卒業しても、そんなふうに思ってくれていたのかと、あらためて懐かしく思い出したことです。

教員が「私は、優しく指導しますよ」と語るよりも、優しく指導を受けた経験のある学生が「あの先生は、優しく指導をしてくれる」「静かに学生の悩みに耳を傾けてくれる」「厳しいけど、気持ちの熱い先生だ」と語る言葉の方が、学生には伝わる言葉ということでしょう。

「この上なくすぐれた願」「世にもまれな大いなる誓い」を重ねて誓い、南無阿弥陀仏の名を十方に聞こえさせたいという阿弥陀仏の誓願は、その誓願の真実を知る釈尊が讃嘆し、説法なさることによって、私たちに届けられているのですね。釈尊が私たちにわかる言葉で、阿弥陀仏の心を説き示し、讃嘆されているのです。

十二光

普《ふ》放《ほう》無《む》量《りょう》無《む》辺《へん》光《こう》　無《む》㝵《げ》無《む》対《たい》光《こう》炎《えん》王《のう》
清《しょう》浄《じょう》歓《かん》喜《ぎ》智《ち》慧《え》光《こう》　不《ふ》断《だん》難《なん》思《じ》無《む》称《しょう》光《こう》
超《ちょう》日《にち》月《がっ》光《こう》照《しょう》塵《じん》刹《せつ》　一《いっ》切《さい》群《ぐん》生《じょう》蒙《む》光《こう》照《しょう》

【書き下し】
あまねく無量《むりょう》・無辺光《むへんこう》、無礙《むげ》・無対《むたい》・光炎王《こうえんのう》、清浄《しょうじょう》・歓喜《かんぎ》・智慧光《ちえこう》、不断《ふだん》・難思《なんじ》・無称光《むしょうこう》、超日月光《ちょうにちがっこう》を放《はな》ちて塵刹《じんせつ》を照《て》らす。一切《いっさい》の群生《ぐんじょう》、光照《こうしょう》を蒙《かぶ》る。

（『註釈版聖典』二〇三頁）

【現代語訳】
本願を成就された仏は、無量光・無辺光・無礙光・無対光・炎王光・清浄光・歓喜光・智慧光・不断光・難思光・無称光・超日月光とたたえられる光明を放って、広くすべての国々を照らし、すべての衆生はその光明に照らされる。

(『教行信証(現代語版)』一四三頁)

一、ひかりで表される「はたらき」

限りないいのちとひかりの仏さま

正信偈冒頭の「帰命無量寿如来《きみょうむりょうじゅにょらい》 南無不可思議光《なもふかしぎこう》」は帰敬序と呼ばれています。無量寿如来は限りないいのちの仏さま、不可思議光は思いはかることのできないひかりの仏さまです。ともに阿弥陀仏の功徳・素晴らしさをあらわしています。阿弥陀仏は、寿命も光明もともに無量ですから、「いつでも・どこでも・だれでも」の仏さまということができます。阿弥陀仏からの喚び声に、私たちが帰命し南無することが、帰敬序では記されていました。

ここでは、無量光《むりょうこう》・無辺光《むへん》・無礙光《むげ》・無対光《むたい》・炎王光《えんのう》・清浄光《しょうじょう》・歓喜光《かんぎ》・智慧光《ちえ》・不断光《ふだん》・難思光《なんじ》・無称光《むしょう》・超日月光《ちょうにちがっ》という十二光が謳われています。十二光は、『仏説無量寿経』をもとに、親鸞聖人が示された、阿弥陀仏の光の名です。親鸞聖人はなぜ、阿弥陀仏のはたらきを「ひかり」で表されたのでしょうか。

阿弥陀仏は寿命無量・光明無量の仏さまですから、「いのち」（寿命）と「ひかり」（光明）のいずれに重点があったか、という問いは愚問かもしれませんが、ここでは、このことについて、少し考えてみたいと思います。

中国の浄土教の伝統においては、光明よりもむしろ、寿命が中心であったようです。「浄土三部経」の中、『仏説無量寿経』『仏説観無量寿経』という経典の名前も、寿命で示されています。また、七高僧の第三祖の曇鸞大師（四七六～五四二）も、はじめは、不老長寿・不老長生を求めたともいわれています。このように、不老不死が一つの理想・夢と考えられていたとすれば、光明よりも、寿命の側面に注目されていたと考えることができそうです。

親鸞聖人は、多くのお書物を残されていますが、その中で、十二光を易しく、しかし詳しく、讃嘆しておられます。『弥陀如来名号徳《みだにょらいみょうごうとく》』や「浄土和讃」などがそうです。他の和語のお聖教でも「この如来《にょらい》は光明《こうみょう》なり、光明《こうみょう》は智慧《ちえ》なり、智慧《ちえ》はひかりのかたちなり」(『註釈版聖典』六九一頁)や、「阿弥陀仏《あみだぶつ》は光明《こうみょう》なり、光明《こうみょう》は智慧《ちえ》のかたちなり」(『同』七一〇頁)と示されています。

このように、親鸞聖人は、寿命と光明では、光明に注目しておられたということができると思います。

なぜ「ひかり」なのでしょうか

無量寿の仏さまは、私が生まれてから、今も、そしていのち終わる時まで、いつの私も、どんな時も、私とともにいてくださる仏さまです。無量光の仏さまは、どんな私でも、私とともにいてくださる仏さまです。

どんな時でもともにいてくださる仏さま、どんな私でもともにいてくださる仏さま、それが阿弥陀仏です。この両方のはたらきを明確に区別することはできません。また、判別することにどれほどの意味があるかもわかりません。けれども私なりに、こんなふうに受けとめてみました。

親鸞聖人は、人間の、また、ご自身の煩悩を、非常に厳しく、繊細に注視しておられたのではないかと思うのです。私たちは、無限の過去から、「生まれ死に」、「生まれ死に」を繰り返している迷いの存在です。今、阿弥陀仏と出遇うことができなければ、また永く迷いの生死《しょうじ》を繰り返してしまうほかありません。

ご自身の煩悩の重さや深さ、醜さやしつこさを、いやというほど知らされた親鸞聖人が、罪悪深重《ざいあくじんじゅう》・煩悩熾盛《ぼんのうしじょう》のこの身が、今、救われていく道は、阿弥陀仏による救いをおいて他にはないということを、感得していかれたということではないでしょうか。

煩悩から離れることができず、無限に迷わねばならないという暗く重い心持ちの私を、無量のひかりは、優しく、温かく、はぐくみ、育ててくれるのです。

十二光

先日、ご法事に寄せていただいた際に、こんなことがありました。

寄せていただくまでの距離や、周辺の環境によって、寄せていただく方法がさまざまです。お寺に近いところは徒歩で、少し離れたところは自転車か原付バイクで寄せていただきます。もう少し離れたところであれば、自動車で寄せていただきますが、車を路上駐車することはできませんので、駐車場を確保できない場合や、時間を約束している場合には、電車・バスなどの公共機関を利用しています。先日の出来事は、ご法事の時間を約束していたため、電車を乗り継いで寄せていただいた時のことです。

お寺を出て最寄りのJRの駅に着くと、ホームから改札の外まで大混雑していました。アナウンスを聞くと、四つほど手前の駅で人身事故があり、ダイヤが乱れていることがわかり、「あぁ、困ったな。約束の時間に遅れてしまうなぁ」と思ってしまいました。人身事故があったということは、けがをされた方、命を落とされた方がおられるということですが、それを心配する前に、自分の都合がまず頭に浮かんでしまいました。恥ずかしいことです。

何とか代替輸送を利用して到着しましたが、一時間ほど約束の時間に遅れてしまいました。着いてすぐに事情を説明して、お詫びを申しあげると、「若さん、普段、電車にあまり乗らんからやね。よくあることですよ」とおっしゃいました。その言葉を聞いて、「電車に乗らないことない！」「そんなに頻繁にあることでもない！」と少し苛立ちましたが、お勤めをしながら、また恥ずかしい思い、情けない気持ちでいっぱいになりました。

ご門徒さんは、「遅れたことは気にしないでください」「よく来てくださいました」という気持ちで言葉をかけてくださったにもかかわらず、まだ自分が被害者の気持ちでいたからです。

自分の都合ばかりが頭にのぼってしまう人間を、罪悪深重・煩悩熾盛というのでしょう。阿弥陀仏の光明は、この煩悩の存在を照らす光なのです。十二光とは、この光の功徳が十二に分けて示されたものです。先にも記しましたが、十二光は、『仏説無量寿経』に説かれた内容をもとにしていますが、阿弥陀仏の功徳は、十二に限定されたものではありません。書物によれば、十五の徳で表されたものもありますし、五つで表されたものもあります。

親鸞聖人が唯信坊《ゆいしんぼう》という方に宛てて書かれたお手紙には、「詮《せん》ずるところは、無礙光《むげこう》仏《ぶつ》と申《もう》しまゐらせ候《そうろ》ふことを本《ほん》とせさせたまふべく候《そうろ》ふ」(『註釈版聖典』七九三頁)とあります。十二光の根本は無礙光ということですが、一つ一つの光明について、これからお話をしたいと思います。

二、かぎりないということ

いつも　あみださまの　ひかりが　いっぱい

ご縁をいただき、あるお寺に寄せていただきました。ご住職が近くの子どもたちにお習字を教えておられるのでしょう。本堂に、複数の子どもの字で大きく「いつも　あみ

だきまの　ひかりが　いっぱい」と書かれた紙が貼ってありました。「いつも」というのは、寿命が無量ということ、「ひかりが　いっぱい」というのは、光明が無量ということですね。

阿弥陀仏のひかりの徳を十二の面からほめ讃えられているのが、十二光です。日常の勤行では、正信偈に続いて、六首のご和讃をお勤めします。最もポピュラーなご和讃として、「智慧《ちえ》の光明《こうみょう》はかりなし……真実明《しんじつみょう》に帰命《きみょう》せよ」「解脱《げだつ》の光輪《こうりん》きはもなし……平等覚《びょうどうかく》に帰命《きみょう》せよ」などがあります。「はかりなし」「きはもなし」などと記されるこれらのご和讃では、十二光が讃えられています。また、「……に帰命せよ」と記される真実明・平等覚などは阿弥陀仏のことです。阿弥陀仏の素晴らしさをほめ讃えつつ、阿弥陀仏に帰命せよと謳われているのです。

無量光と無辺光から考えてみましょう。

無量光

ご和讃にある「はかりなし」は無量ということです。阿弥陀仏の光は限りがないということです。一方、私たち凡夫は「有量《うりょう》の諸相《しょそう》」と示され、有限な存在です。有量・有限とは、この世の生に限りがあるということです。また、この世のさまざまな事柄の全てが、自分の思い通りにいくわけではないということです。

限りのある凡夫を、阿弥陀仏は無限の光で照らすというのですね。

「灯台下暗し」という言葉があります。この灯台は、海洋を航海する船舶に向けて陸地に立っている灯台ではありませんね。油を灯して明かりとする照明器具のことです。この言葉には、直接的な意味と比喩的な意味とがあります。直接的な意味は、灯台の真下は明かりが届かず暗いということです。その光が無量ではないということです。また、ろうそくの炎の間近では、その炎のお陰で書物を読むことができますが、ろうそくから少し離れると、暗くて書物を読むことができません。ろうそくの炎が無量ではないからです。

阿弥陀仏の光は無量光ですから、どこまでいっても光が弱まったり薄くなったりすることはありません。至る所に遍満しているのです。満ち満ちているのです。

灯台下暗しの比喩的な意味は、身近なことはかえってわかりにくいということです。最も身近なことといえば、私自身のことでしょう。けんかをしたり言い争いをしたりする時に、つい、「自分のことは自分が一番よくわかっている」と言ってしまいます。

けれども本当にそうでしょうか。

一番よく知っているつもりの自分自身のことほど、意外とよく知らないのかもしれません。周囲の人の背中を見ることはできますが、自分の背中を見ることはできませんね。もちろん鏡を使って見ることはできますが、直接見ることはできません。

一番よく知っているはずの自分ですが、自分では見ることができないのが私たちです。自分では見ることのできないところを、はっきりとくっきりと見せてくれるのが阿弥陀仏の光なのでしょう。

では、自分では見ることができないところは、どこでしょうか。自分の至らないところですね。駅の掲示板に「どんなに反省しても　他人の方が厳しい目で見ている」と書かれてありました。周囲の人の粗《あら》（欠点）はよく見えますが、自分の欠点を見ようとしてもどこかに甘さが残ってしまうということです。それだけ、自分の至らない点を見ることは難しいのですね。

恥ずかしく至らない私を、そのまま知らせてくれるのが阿弥陀仏の光であり、同時に、そのまま受けとめてくださるのが阿弥陀仏の光なのです。

無辺光

ご和讃にある「きはもなし」を熟語にすれば、無辺際となります。辺（ほとり）も際（きわ）もないという光はどのような光なのでしょうか。

際とは他の物と接する境目をいいます。また、そのすれすれのところや、端をいいます。辺とはきわみ、際限のことです。際や辺がないということは、端がないということですから、どこまでも阿弥陀仏の光が届くということで、無量光に通じる内容と受けとめることができるでしょう。もう一つの受けとめとして、阿弥陀仏の光には境目がないということです。

今、私がこの原稿を書いている机は、縦七十五センチ・横百三十五センチの長さがあり、一定の大きさがあります。机の上は書類や本や文房具があふれていますが、端を超えると、机から物が落ちてしまいます。辺があるということですね。辺があるということはその中心があるということでもあります。逆に、無辺とは、その中心がないということです。

私たちが通常、思い浮かべる光は、光を放つ源があります。光源という中心があり、中心から離れれば離れるほど、光は弱まっていきます。その光が届くギリギリの所が辺ということになります。その先は全く光の届かない暗闇です。明と暗の境目が際ですね。

阿弥陀仏の光は、無辺光ですから、中心はありません。どこまでも明るく、その明るさが減っていくということもありません。どこにいても同じ明るさであり、至る所が中心であると受けとめることができます。

私たちも、日頃の生活の中で、自分を中心にして生きています。自分の都合や主張をあらわにして生きているということです。私の正しさばかりを主張し、その態度が変わらない限り、相手の立場を知ることはできません。私とあなたの間に線を引いて、「私＝是」「あなた＝非」というように、是と非を分けてしまうのです。

また、私を中心にして、何重もの同心円を描きながら、周囲の人との関係を保っているということもできるでしょう。人によってさまざまな距離を保ちながら関係を持ちますが、その中心には私がいます。

近くにいる人の幸せをともに喜び、辛さを共有することはできますが、遠くにいる人の幸せをともに喜んだり、辛さを共有することは、なかなか難しそうです。人の喜びをねたむこともあります。遠くにいる人の辛さや悲しみを忘れてしまうこともあるかもしれません。

無辺光と讃えられる阿弥陀仏は、他との間に線を引かれることはないのです。私（阿弥陀仏）とあなたとの間に境界がないからこそ、悲喜をともにしてくださるのです。

三、どこまでも届いている

夫婦げんか

先日、お参りに寄せていただいたお宅での出来事です。お子さんが独立して、ご夫婦お二人のお住まいです。奥さんも仕事に出ておられるので、毎月のお参りは、お二人が仕事に出られる前に寄せていただきます。早朝の忙しい時間でしょうが、奥さんはいつも、読経が終わると、私とご主人にお茶を出してくださいます。仲の良いご夫婦だなと思っていたのですが、先日、仏間に上がってみると、どうも様子が違います。いつも通り読経が終わると、私にはお茶が出ましたが、ご主人には出ません。「お茶！」とご主人が叫ぶと、渋々、ご主人の前にもお茶が出されました。

どうやら、昨晩、夫婦げんかがあったようです。

いつもより一時間ほど帰りが遅い奥さんを案じて、何度も携帯電話を鳴らしてみた、というのがご主人の主張です。たまには職場の友達とお茶でも飲んで帰りたい時もある、ご主人も連絡もなく帰宅が遅い時もある、というのが奥さんの主張です。

何十年も連れ添っているご夫婦ですし、一緒にお茶をいただきながらけんかの様子を話されるのですから、大丈夫だろうと思いながら、その日は、ふんふんと頷いて話を聞いていました。

どう思われますか。よくある夫婦げんかの典型かもしれませんね。

けんかは、互いに自分の正しさを主張するところに生じるものです。自分を是として、相手を非とするので、互いの主張がぶつかってしまいます。主張がぶつかる時には、両者の間に距離があるということです。また両者が互いの間に線を引いて、自分の側と相手の側を区別しようとするのですね。そのような線を引かず、自と他の境界線を引かない光が、先にお話をした無辺光でした。

阿弥陀仏の徳を讃える十二光の内、次に無礙光・無対光・炎王光について考えてみましょう。

無礙光

無礙《むげ》の礙（碍）とは、「さわり」「さまたげ」「障害」ということです。無礙とは「さわりがない」「さまたげがない」「障害とならない」ということです。

二〇一二年の夏には、ロンドンでオリンピックが開催されました。一九六四年に東京オリンピックが開催された記念に、十月十日が体育の日と定められましたが、最近は十月の第二月曜日がスポーツの日となっています。近くの小学校では暑さが残る日差しを避けて、十月末に運動会が開催されるなど、熱中症対策が一つの課題となっています。

暑い夏の日差し、特に西日を避けるために遮光カーテンが売られたりもしますが、冬になると、温かな太陽の光を求めてしまいます。夏の太陽と冬の太陽とでは、その光の強さや痛さに大きな差がありますね。また、地球の半分が昼であれば、半分が夜になるということです。遮光カーテンで日光をさえぎろうとしたり、地球の半分が夜になるということは、太陽の光がそこには届かないということです。それが「さまたげ」ということでしょう。

運動会にはいろいろな種目があります。徒競走・綱引き・玉入れ・騎馬戦……障害物競走も一つの競技です。一生懸命走ろうとする子どもの姿は、何ともいえずかわいいものですね。速く真っ直ぐに走ろうとする子どもの邪魔をするのが、障害物です。

私が仏になろうとする時、浄土に往生しようとする時に、さまたげと考えられるものがあります。煩悩がそうです。けれども、私の煩悩を阿弥陀仏はさまたげとしないということです。

親鸞聖人は、十二光について、正信偈だけではなく、多くの書物で、丁寧に説き示してくださっています。その一つである『弥陀如来名号徳』において、無礙光は、徹照《てっしょう》して念仏の衆生を摂取するはたらきであると説かれています。

本を読んでいると、ついつい引き込まれて夜を徹して明け方になることがあります。学生時代には、夜を徹して、友人たちと話をしたこともあります。徹とは、貫き通すということでしょう。徹照と説かれる無礙光は、衆生の煩悩がどんなにたくさんあっても、どんなに分厚くても、それを貫き通して、照らし続ける光ということです。

無対光

私たちは、周囲の人と自分とを比較しながら生きていることが多いです。子どもから大人まで、さまざまな場面で競争を強いられますから、自分が劣っていると不安になり、自分より劣っている人を見つけると安心したりします。

あるご門徒宅で、二人の子どものお母さんが、下の子が来年から幼稚園に行くのに、まだ一人で靴が履けないんです、一人で食事もできないんです、と心配しておられました。上の子がその年齢の時には、一人で何でもできたのに……と不安げに話されます。横で聞いていたおばあちゃんが、「一人目の時は、まわりの大人が一生懸命に教えるから早くできるようになるだけよ」とおっしゃいますが、お母さんは心配なのでしょう。上の子と比べたり、同い年の子と比べたりして、一喜一憂するのかもしれません。

無対光とは、比較にならないということです。他のどんな光も全く比較にならないほどの輝きを放つ、それが無対光と称される阿弥陀仏のはたらきということでしょう。

また、比較・対比できないということは、他のいかなるものとも、対立をしないということでもあります。この意味では、無辺光と同様の意味に受け取ることができます。

炎王光

正信偈や「浄土和讃」では光炎王と示され、『仏説無量寿経』や『弥陀如来名号徳』では炎王光と記されていますが、同じ意味と考えられます。炎の中の王であり、地獄《じごく》・餓鬼《がき》・畜生《ちくしょう》の三塗《さんず》の暗闇を開くはたらきがあるということです。

私にとって一番身近な炎は、ろうそくの炎です。おつとめをしながら、ろうそくの炎を見つめる時があります。お仏壇には豆電球の光もありますが、ろうそくと豆電球では、大きく異なります。豆電球の光はゆらゆらと揺れ動くことはありませんが、ろうそくの炎は、息や風などによって、揺れ動くからです。揺れ動く炎を見ると、そのあたたかさを感じる時があります。阿弥陀仏の摂取の光は、静かで動かない光ではなく、私のために動き続け、はたらきづめにはたらいてくださっている光なのかな、と思いながら、おつとめをさせていただくことです。

四、きよらかなよろこび

全国的に高速道路の渋滞が見られる年末年始。帰省ラッシュとUターンラッシュは、毎年恒例の光景となっています。

私も日常、車で移動することがありますが、急ぎの時などは、高速道路を利用します。たいていの場合は予定通りにスイスイと走ることができますが、時折、渋滞に巻き込まれて動きが取れなくなることもあります。「せっかく高速道路に乗っているのに……」とつぶやいたり、ひどい時には、「みんなが高速に乗るから混むんだ」と思ってしまいます。自分勝手ですね。

親鸞聖人は、十二光について、多くの書物で、丁寧に説き示してくださっています。ここでは、『弥陀如来名号徳』を参考に、清浄光・歓喜光・智慧光について味わってみましょう。私たちの抱く（抱えている）三毒の煩悩と呼ばれる貪欲《とんよく》・瞋恚《しんに》・愚痴《ぐち》の心に対する心が、清浄《しょうじょう》・歓喜《かんぎ》・智慧《ちえ》です。

清浄光

清浄光とは、法蔵菩薩が貪欲の心を離れて、得ることのできた光の名です。貪欲を離れた心です。貪欲とは、貪りの心です。これだけ願いが叶えばもう満足です、と思うことができず、際限なく広がっていく欲望のことです。また、多くのことを自分の思い通りにしたいと欲する心でもあります。

ご門徒のお宅で、お勤めをしている時には、私が一生懸命お勤めをしているのだから、ご門徒さんも家族揃って一緒にお勤めをしてほしいなぁ。声を出しづらかったら、経本を見るだけでもしてほしいなぁ。経本がなくても、一緒に座っててほしいなぁ。私が合掌礼拝する時には、一緒に合掌礼拝してほしいなぁ……。こんな思いが出てきます。当たり前のことだと思うのですが、全てのお宅でできているわけではありません。

恩徳讃にあるように、阿弥陀仏の恩を報ずる思いから、このような思いが出ているのであればよいのですが、「私が一生懸命お勤めをしているのだから」という思いが根底にあります。自分の思いや立場を擁護し、正当化しようとする心が、貪欲なのです。阿弥陀仏の清浄光は、私のありのままの心、私の貪欲の心を照らしてくださる光なのです。

歓喜光

歓喜光とは、法蔵菩薩が瞋恚の心を離れて、得ることのできた光の名です。瞋恚を離れた心です。瞋恚とは、怒り腹立ちや、ねたむ心です。自身の思い通りにならない場合に、怒りの炎が燃え上がります。怒りや腹立ち・憎しみの心は、表情に現れることがあります。怒りっぽい人は、眉間にしわが増えてきますね。柔和な優しい笑顔に接すると、頑なな心が和むことがありますが、逆に、怒りの表情に接すると、和やかな気持ちが委縮してしまいます。私が眉間にしわを寄せていると、周囲の人の安らかさを壊してしまいます。周囲の和を乱すことは、大きな罪の一つといえるでしょう。

私たちが、自身の抱えている煩悩に悩む時、罪を犯したこと自体を悔いる気持ちと、罪を犯したことによって、これから自分がうける報いを恐れ、不安になる気持ちの両方があります。このような全ての衆生の怒りや憎しみ、恐れや不安の心を除こうとする、阿弥陀仏の心を歓喜光と呼ぶのです。

私たちも日常のさまざまな場面で歓喜（よろこび）の心を生じます。けれども、阿弥陀仏の歓喜光とは、だいぶん様子が違います。私の状態が良い時には、周囲のよろこびをともに喜ぶことができますが、私の状態が良くない時には、周囲のよろこびをともに喜ぶことはできません。「どうしてあの人ばかり得をするのだろう」「私も頑張っているのに、どうして報われないのだろう」などと、周囲のよろこびを嫉妬する心がでてきます。

阿弥陀仏の歓喜光は、そのような、嫉妬の心や憎悪の心を照らす光なのです。

智慧光

智慧光とは、法蔵菩薩が愚痴の心を離れて、得ることのできた光の名です。愚痴を離れた心です。愚痴とは、愚かな考えに惑わされている心です。愚かとはどのような考え・心なのでしょうか。

大学で講義をしている時に、さまざまな思いを抱きます。一つの講義をするために、その倍以上の時間をかけて準備をします。間違ったことを言わないように、また伝えたいことをどうすれば一番的確に伝えることができるかな、などと思いながら、夜遅くまで、準備に時間がかかることもあります。

これだけ精いっぱいの準備をして、頑張って話をしているのだから、聞いている学生も頑張って聞いてほしいなぁ、たくさん筆記してほしいなぁ、頷きながら聞いてほしいなぁ、講義の終了時には、充実した満足な表情を浮かべてほしいなぁと期待をします。

これくらいなら、どんな先生でも思うことかもしれません。

私の思いはこんなものではありません。数人の人だけでも一生懸命聞き入ってくれればよいのでしょうが、私は、教室にいる全ての学生に頷いてほしいと思っているのです。

実際はどうでしょうか。もちろん、真剣な眼差しで、私を注視してくれる学生もいます。お聖教に線を引きながら、書き込みをしながら、一生懸命に集中している学生もいます。けれども、昼食後の睡魔に負けてしまう学生もいます。つまらなさそうに外の風景を眺めている学生もいます。時には、前後左右の友人とおしゃべりをする学生もいます。悲しさと怒りと歎きの同居した状態です。

さて、この状態をどう思われるでしょうか。私の思いは、私が一生懸命話しているのだから、学生は聞いて当たり前だという思いがあるために、聞いてくれない学生に対して、怒り（瞋恚）の心が生じるのです。けれども、二百人ほどの学生がいて、その全てが真剣に取り組むとは考えにくいことです。自身の学生時代を思い返せば、簡単にわかることです。けれども、先生になって話をする側になると、一生懸命に聞いてほしい、聞いて当たり前だと考えてしまうのです。自分勝手な自分の都合優先の考えですね。

そもそも、すべてが私の思い通りになるはずがないのです。思い通りになるはずがないにもかかわらず、思い通りになるはずだという考えが、真実のわからない愚かさというのでしょう。

阿弥陀仏の智慧光は、人間は愚かであてにならないことを知らせる光なのです。愚痴を照らすまことの光が智慧光です。そして、愚かであてにならない人間に、念仏を信じる心を得させたいと願われている心なのです。

五、どこまでもブレない

不断光

私の通っていた小学校は、集団登校・集団下校をしています。集団登校では、高学年が班長になり、一年生から六年生までが一緒に登校しますが、学年によって終わる時間が異なりますので、下校は同じ学年だけで下校しているようです。

ある日、小学生の下校時間に徒歩でお参りに向かっていた時のことです。私の姿をみて、「あっ、お寺さんや」「お坊さんや」「ぼんさんや」とささやき合っています。その中の一番元気な男の子が「お坊さん、どこに行くの」と尋ねてきたので、「〇〇さんのお家やよ」と答えると、「お前とこや」と仲間の男の子を指さしました。気付かなかったのですが、今から寄せていただくご門徒のお子さんでした。

話しながらお宅の前に着くと、お子さんが先に入って「ただいま〜。お寺さん、来てくれはったよ」と中にいるお母さんを大きな声で呼んでくれました。

何気ない出来事でしたが、ほのぼのとした気持ちにさせてもらえました。それは、数日前にも、似たようなことがあったからです。その時も、寄せていただく家の前に着くと、その家の兄弟が遊んでいたので、一緒に玄関からあがろうとすると、上の子が「ぼんさん、来たで」と中に向かって叫びました。お母さんは「ぼんさんちゃう、お坊さんやろ！」と慌てて訂正されました。私は「ぼんさん」でも「お坊さん」でもよいのですが、お母さんは失礼になると思われたのでしょう。お子さんとお母さんとの間に感覚のズレがあったのかもしれませんが、大人の場合は普段使っている言葉を状況に応じて使い分ける、言い換えることがあるのは事実です。

阿弥陀仏の光明を讃える十二光の九番目には、不断光とあります。不断とは、絶え間なく続くということです。親鸞聖人の『一念多念文意《いちねんたねんもんい》』というお書物には、どのような時も嫌ったりすることがなく、どのような所も避けたりなさらない仏さまが、不断光の阿弥陀さまであると示されます。

社会に出ればT・P・Oをわきまえなければならないと言われます。時・場所・場合に応じた言葉・態度・服装等を使い分けるということです。人と一緒にいる時には、身なりや態度を正しく見せることができているかも知れませんが、一人の時、誰にも見られていないと思っている時には、正しさの度合いは大きくブレてしまうこともあります。阿弥陀仏という仏さまは、私が自分できちっとできていると思っている時だけではなく、そうではない時も、変わらず、絶えず、そのままの私を照らし続ける仏さまなのです。それが不断光の阿弥陀さまなのです。

難思光

難思とは、思いはかることが難しいということです。阿弥陀さまは、光が無量であり、いのちが無量の仏さまということです。けれども、私たちは、無量ということを本当の意味で、知ることは難しいといわなければなりません。私たちが日常、知っているものの中には、光やいのちが無量のものはありません。ですから、私たちの思いや言葉が、到底およばない光が難思光といわれます。

親鸞聖人は、『弥陀如来名号徳』において、お釈迦さまのおこころもおよばない光が難思光であると示されます。私たち凡夫は、時には言葉が足りずに相手に誤解を与えてしまうことがあります。また、言葉が多すぎて、余計なことまで口にして、相手を傷付けることもあります。けれども、お釈迦さまのご説法は、応病与薬《おうびょうよやく》・対機説法《たいきせっぽう》といわれるように、悩みや苦しみを持つ者に対して、最も適した言葉や比喩を用いて、その苦悩を解決されたといわれます。お釈迦さまは、悩める者のこころを知り尽くすことができるお方であるから、その者の悩みを抜き、よろこびを与えることができるのです。

私たち凡夫ではなく、お釈迦さまですら、こころがおよばない光が難思光なのです。

無称光

難思光を含め、阿弥陀さまの功徳について、親鸞聖人のお聖教でも、多くの経典でも、不可称・不可説・不可思議と、三つの不可がワンセットで記されています。難思光とは、不可思議に当たります。そして無称光は、不可称・不可説に当たるといえるでしょう。

無称光について、『弥陀如来名号徳』では、説き尽くしがたいと示されます。不可説とは、ただ説明ができないということではないのですね。どれだけ適切・的確な言葉を尽くして説明をしたとしても、そのすべてを説明し尽くすことができないということなのです。

私が小学生の頃に流行した歌に、こんな歌詞がありました。

♪幸せを話したら　五分あれば足りる

不幸せ話したら　一晩でも足りない
（ばんばひろふみ「ＳＡＣＨＩＫＯ」／作詞・小泉長一郎）

今でも一人で車を運転している時などに、口ずさむ歌詞ですが、無称光は、この歌詞とは逆のことですね。素晴らしいと思うことを語ることが、無称の称ということです。

私は二十七歳から大学で講義をさせていただいています。教え子のお寺にご縁をいただくことがあります。遠方になれば、当地で宿泊させていただきますが、その地ならではの食事をいただきながら、教え子との会話が何よりの楽しみです。生まれ育った地元の素晴らしい点、有名な場所、おいしいものなど、得意げに、また自信を持って、いろいろと話をしてくれます。

「あぁ、地元が大好きなんだなぁ」と思いながら、話を聞いていると、あっという間に時間が過ぎてしまいます。

好きなことを話していると、何の躊躇もなく、何のてらいもなく、素直に話すことができますね。話している本人が気付かないほど、またビックリするほど、流暢に言葉が次から次へと出てくることもありますね。

無称光の称とは、讃える・称讃するということです。阿弥陀さまのことが大好きな人が、阿弥陀さまを讃えることを、称讃・称名というのです。

以前、恩師と食事をしている時に、恩師がこんなことをおっしゃったことがあります。

「世間話は時間が経てば、話が尽きてしまう」

「仏法は、どれだけ時間が経っても、話が尽きない」

阿弥陀さまのことを好きな人が、どれだけ阿弥陀さまのことを讃えたとしても、これで讃え尽くしたということはないのです。どれだけ言葉や思いや時間を尽くしても、讃え尽くしきれないほどの、圧倒的な存在の阿弥陀さまを無称光と讃えられるのです。

六、私を照らすはたらき

一隅を照らす

親鸞聖人は九歳から二十九歳まで、比叡山で過ごされました。比叡山延暦寺に参拝すると、「一隅を照らす」と書かれた文字をみることができます。延暦寺を開かれた伝教《でんぎょう》大師最澄《だいしさいちょう》が『山家学生式《さんげがくしょうしき》』に記された言葉ですが、もとは、中国の漢詩の言葉だそうです。伝教大師は、一隅を照らすことのできるたくさんの僧侶を、ここから輩出していきたい、そのような僧侶の学ぶ根本道場としたいと願い、延暦寺を建てられたのです。

もともとの中国の漢詩の意味、伝教大師の使われた意味については、いろいろと議論がされているようですが、今は、一隅をかたすみと受けとめてみたいと思います。「大都会の一隅」と使われるように、片隅という意味です。

現代はお寺の本堂や、食事をする居間、お手洗いやお風呂場でも、明るい電気のおかげで、夜でも安心して過ごすことができます。部屋の真ん中にいても、片隅にいても、それほど明るさに違いはありません。

電気のなかった時代はどうでしょうか？

伝教大師や親鸞聖人の頃には、ろうそくが大切な灯りでした。親鸞聖人がお得度を受けられたのは、暗くなってからであるといわれます。おそらく、ろうそくの灯りのもと、得度式が進んだのでしょう。

現代でも、ろうそくのほのかな灯りに心安らぐことがあります。私の勤める龍谷大学では、毎年、成人のつどいを行っています。成人した学生一人ひとりが、蓮の花を模したろうそくを手にして座っています。音楽法要のあと、大きな礼拝堂（顕真館といいます）の電気が消え、真っ暗になると、阿弥陀さまの尊前の灯火が代表の学生に預けられ、順に、隣の人からろうそくの灯りをもらい、全員に灯りを分け伝えていきます。

壇上からその様子を見ていると、一人ひとりの持つ灯りは、それほど大きくはありませんが、学生全員が手に持つろうそくに灯りがともると、部屋全体がほんのりと明るくなります。

中央仏教学院通信教育部でも、四月から七月にかけて各地でスクーリングが開かれます。その初日の夕刻に、「ともしびのつどい」があり、同じような光景に接することができます。「皆がつながっていることを実感できた」「あの厳かな、でもあたたかみのある雰囲気が印象的でした」と受講生の方の声を耳にすることがあります。

このように、ろうそくには、心を温めるやすらぎを感じることができます。けれども、部屋の真ん中にろうそくを灯しても、部屋の隅には、灯りがほとんど届きません。

お天道さまとお月さま

太陽の光や月が照らす範囲は、ろうそくの炎の届く範囲とは比べものになりません。最近はあまり使わなくなった言葉ですが、お天道さまやお月さまという言葉があります。

春の温かな日差しは、植物にいきいきとした生気を与え、力強い生長を促します。太陽は、私たちの身体にも、大きな恵みをもたらしてくれます。

特に若い人の間では、インドア派・アウトドア派と区別することがあるようです。家の中で過ごすことが好きな人と、外に出て過ごすことが好きな人といった区別でしょう。人の好み・性格ですから、どちらがよいということはありませんが、家の中でジッとしているよりも、少しは外に出て、日に当たる方が、身体（健康）によいといわれます。外出することができなくとも、窓から差し込む日の光に、閉ざされた心にゆとりがでることもあります。

また、現代は夜が無くなった時代といわれます。年中無休で二十四時間開いているお店もありますし、防犯のための街灯もあります。都会の道は、昼夜問わずに車が走っていますから、真っ暗闇がわからなくなってきているのかもしれませんね。

かつては、夜は闇の時間帯でした。時代劇などを見ていると、夜道を歩く時には、提灯を手に、月明かりを頼りとしていたようです。闇の暗さ・怖さがわかっていた時代の人々は、現代の私たちよりも、お月さまのありがたみがわかっていたのかもしれません。

超日月光

阿弥陀さまの十二光の最後が超日月光です。超日月光とは、日光や月光を超える光ということです。日光や月光を小さな光といっているわけではありません。「お月さま」「お天道さま」と、月や太陽をほめ、感謝していた時代に、その月や太陽をはるかに超える光が超日月光という阿弥陀さまの光なのです。

十二光は、別々の十二の光ではありません。すべて阿弥陀さまの光です。阿弥陀さまは、十二の徳で讃えられる光を放って、すべての国のすべての人を照らしているのです。

最近は、生活のスタイルもさまざまですが、掃除をするのはやはり、明るい時間がよいのでしょう。真夜中では、ご近所の迷惑になるということもありますが、明るい時間の方が、汚れや埃がよく目立つのですね。

阿弥陀さまの光は、私の汚れや埃を照らしてくださる光なのです。しかもただ照らしてくださるだけではありません。阿弥陀さまのご本願には、「ひかりに照らされて心が和らぐように」と誓ってくださっています。

私たちは、自分の都合を優先したり、自分本位の考え方から、自分を是として相手を非とするかたくななこころをしているのです。また、自分中心の考えをしているために、自分の非には甘く、相手の非には厳しくなり、固く閉ざしたこころになってしまいます。阿弥陀さまは、私の非のすがたを照らし出してくださるのですが、自分の非が顕わになった私は、自分の周囲にいる人・他者の素晴らしさに初めて気付かされることになります。かたくなな、固く閉ざしたこころを解きほぐし、やわらかな心になるようにと願ってくださるこころが、阿弥陀さまのこころであり、このこころが十二の光として示されているのです。

教え子の結婚式・披露宴に、最後の挨拶の役を仰せつかりました。宴の最後でしたので、短く、次のような挨拶をさせていただきました。

「今日は、お二人の輝く笑顔を見ることができました。明日からは、あなた方自身が輝くのではなく、あなた方を輝かせてくれる阿弥陀さまの輝きをうけとめてください。それがお念仏に生きるということです」

阿弥陀さまの十二光は、あなたを、そして私を照らし、輝かせてくれる光なのです。

浄土往生の因果

本《ほん》願《がん》名《みょう》号《ごう》正《しょう》定《じょう》業《ごう》　至《し》心《しん》信《しん》楽《ぎょう》願《がん》為《に》因《いん》
成《じょう》等《とう》覚《がく》証《しょう》大《だい》涅《ね》槃《はん》　必《ひっ》至《し》滅《めつ》度《ど》願《がん》成《じょう》就《じゅ》

【書き下し】
本願《ほんがん》の名号《みょうごう》は正定《しょうじょう》の業《ごう》なり。至心信楽《ししんしんぎょう》の願《がん》（第十八願）を因《いん》とす。
等覚《とうがく》を成《な》り大涅槃《だいねはん》を証《しょう》することは、必至滅度《ひっしめつど》の願（第十一願）成就《じょうじゅ》なり。
（『註釈版聖典』二〇三頁）

【現代語訳】
本願成就の名号は衆生が間違いなく往生するための行であり、至心信楽の願（第十八願）に誓われている信を往生の正因とする。

正定聚の位につき、浄土に往生してさとりを開くことができるのは、必至滅度の願（第十一願）が成就されたことによる。

（『教行信証（現代語版）』一四四頁）

一、阿弥陀仏の名前のひみつ

なもあみだブツ

あるお宅に寄せていただいた時のことです。四月から小学生になるお姉ちゃんと、三歳の弟さんがいました。お姉ちゃんは、ひらがなを読むことができるようになっているので、私と一緒にお勤めをしてくれました。六歳のお姉ちゃんが、かわいらしく正座をして、上手に経本を持つ姿を見て、何ともいえないあたたかな気持ちになりながら、いつもよりもゆっくりとお勤めをさせていただきました。

弟さんは、まだ文字が読めないので、お勤めの間はお姉ちゃんにちょっかいを出したり、おもちゃで遊んだりしていました。

御文章の拝読がすみ、お仏壇に向き直ってから合掌して、お念仏を称え始めると、弟さんが待ってましたとばかりに、おっきな声で「なま〜んだブツッ、なま〜んだブツッ」ととなえてくれました。

「ブツッ」のところが特に大きな声なので、印象に残ったのですが、お寺に戻ってこの話をすると、どうも私自身のお念仏がそのようなとなえ方なのだそうです。

本願

正信偈に「本願」という言葉は七回でてきますが、その最初が今回拝読するところです。本願の本とは、因本や根本の意味であり、本願とは因本の願い、根本の願いといわれます。私は、まことの願い・本当の願いであると受けとめています。

では阿弥陀仏の願いが、本当の願いであるとはどういうことでしょうか。私たちの願いと阿弥陀仏の願いは、同じなのでしょうか、異なるのでしょうか。

人間はいろいろな時に、さまざまな願い事をします。お正月には一年の願い事をしたり、七夕にも願い事をしたりします。一年の始まりは一月のお正月ですが、年度ということでは、四月が一年の始まりです。

先ほどのお宅のお姉ちゃんは、小学校に入学したら、幼稚園で仲の良かった友達と同じクラスになれますようにという願いを話してくれました。弟さんも四月から幼稚園に通うようになるので、お姉ちゃんの時と同じ先生になりますように、とお母さんがおっしゃっていました。

このような私たちの願いは、素朴な願いなのですが、本願ということはできません。まことの願いではないからです。私や私の近くにいる人のしあわせやよろこびを願うことが先に来て、それ以外の人のしあわせを願うことは後回しになってしまいます。自分本位な、自分中心の願いですから、まことの願い・本当の願いということはできません。

阿弥陀仏の本願は、すべての生きとし生けるものを、みな等しく救いたい、という願いです。みな等しく救うことが、阿弥陀仏のよろこびなのです。また、救うことができなければ、私は仏にならないと誓われますので、阿弥陀仏の本願は誓願とも呼ばれます。みな等しく救うということは、救いに優先順位もありませんし、生まれて往くお浄土にも優劣はありません。

名号

では阿弥陀仏はどのようにして、私たちをみな等しく、分け隔てなく救おうとされるのでしょうか。それが、光明と名号ということです。阿弥陀仏の十二光については、すでに話をしました。ここでは、阿弥陀仏の本願の名号について、考えてみましょう。名号には、六字・九字・十字などのお名号がありますが、南無阿弥陀仏が六字のお名号ですね。名号の名と号について、辞書の説明を見てみましょう。

諸橋轍次《もろはしてつじ》『大漢和辞典』には、「名」という漢字について、こんな説明があります。夕方は暗くて、互いに相手が誰であるのかわかりにくいので、まず自ら口で名のって人に呼びかけるところから、夕と口を合わせて、みずからわが名をいう意味になるそうです。

また、「号」はかすれ声で叫ぶことだそうですが、虎と合わせて號と書く場合もあります。號の字になると、虎の嘯《うそぶ》き・叫び声の意味になるそうです。また、白川静《しらかわしずか》『字通』によれば、号は、悲しみ叫ぶ声であるということもわかります。

名号とは、私たちの恥ずかしい姿を見ておられる阿弥陀さまが、私たちを悲しんでおられる叫び声なのですね。

小さい時から、「ごめんなさい」と「ありがとう」だけはきちんと言えるような人間に、と育てられました。ごめんなさいと謝り、ありがとうと感謝する……。当たり前の基本的なことですね。けれども、こんな簡単なことすら、思い通りにできない私がいます。ごめんなさいと素直に謝る前に、何とか自分を弁護しようとする心が出てきてしまいます。ありがとうと心から感謝する前に、自分を誇示・主張しようとする心が出てきてしまいます。自己弁護の心・自己主張の心が、煩悩の心でしょう。

このような悲しく恥ずかしい私を阿弥陀さまはご覧になって、大きな声で喚び続けておられるのです。喚ばずにはおられないのです。すべての衆生を等しく哀れみ、悲しむ、それ故に、すべての衆生を等しく浄土に往生させ、成仏させたいと願われる、その心が本願なのです。その心の必然として、すべての衆生に向かって、「私はここですよ」「私はいつもあなたのそばにいますよ」「あなたと一緒にいますよ」「大丈夫ですよ」と喚びかけ続けておられるのです。その喚びかけの心が真実の心であり、喚びかけの声も真実の声なのです。阿弥陀仏が私に喚びかける心が本願であり、喚びかける声が名号なのです。この南無阿弥陀仏という本願の名号が正定の業といわれるのです。

阿弥陀仏のまことの心（本願）の喚び声（名号）を聴いた（聞こえた）私は、その喚び声にこたえて、声を返していくこととなります。これが私のお念仏です。私が南無阿弥陀仏と称えるお念仏を称名といいますが、称名も南無阿弥陀仏です。

三歳の子どもでも、上手にそのまま声にすることができるのがお念仏です。三歳の子どもだからこそ、そのまま声にすることができるのかもしれません。

大人は、あれやこれやと考えたり、周囲の目や声に心が奪われて、そのまま声にすることができないのかもしれません。

阿弥陀さまに真向きになるということは、阿弥陀さまの前では、私は小さな赤子であると知ることなのですね。聴いた心、聞こえた声をそのまま声にしたいものですね。

二、「因果」ってなに？

感謝と反省

毎月のお参りに寄せていただくと、いろいろな話を聞かせていただきます。

ご夫婦二人でお住まいです。ご主人が数年来、持病を患っておられ、定年後は病院に通うのが日課のようになっています。一方、奥さんの方は、ご主人の定年後、毎日、元気に仕事に出ておられます。普段はご主人だけが家におられますが、月参りが土曜日か日曜日にあたると、ご夫婦そろって、経本を開けていただけます。

ある時、ご主人がうつむきながら、訥々《とつとつ》と話されました。

「家の内でも外でも妻だけが働いて、私は何の仕事もしないのに、ご飯を食べさせてもらっている……。妻に迷惑ばかりかけて、申し訳ないダメな夫だ……」

奥さんは何とおっしゃるかなぁと思っていると、「今まで頑張ってくれたから食べてこられたんやし、今度は私が頑張る番なだけやん。働かないのに食べてばかりやって、私が不満を持っているって思ってることの方がショックですよ。定年まで無事に勤めてくれて、感謝してますよ」と笑っておられました。

また別の家では、こんなことを聞きました。こちらも高齢のご夫婦です。奥さんのご機嫌が悪かったのか、この日はご主人に対する不満がたくさん出てきました。耳が遠くてテレビの音量が大きすぎること、高価な入れ歯を紛失したこと、義姉の認知症のこと……いくつか並べた後、「一番悪いのは主人の口ですけどね」とおっしゃいました。

そんなことを話している奥さんの口はどうなのかなぁと思いながら聞いていると、たくさん不満を口にしたからか、少しスッキリした表情で、「私の口も同じなんですけどね」と恥ずかしそうにおっしゃって、一緒にお茶をいただきました。

毎日一緒に生活をしていると、楽しいことばかりではありませんね。時には、苛立ちを感じることもあることでしょう。夫婦や親子、隣近所まで含めて、周囲の人と一緒に暮らしていく中で、優しい気持ちで感謝をしたり、ささくれだった気持ちで相手を責めたり、また、静かな心で反省をしたりします。感謝することも簡単なことではありませんし、反省することも容易なことではありませんね。

原因と結果

仏教は因果の道理を説く教えであるといわれます。因果とは、原因と結果です。原因があるから結果を生じるのですから、時間の前後から言えば、当然、原因が先で結果が後です。仏教で説く因果の道理とは、今、目の前にある状態（結果）から、その原因をさかのぼる物の見方と考えられるでしょう。

私にとってうれしく善い結果が出ている時には、もちろん、善い原因があるということです。この関係が善因善果《ぜんいんぜんか》ですね。また、悪く苦しい結果が出てしまった時には、悪い原因があるということです。この関係は悪因苦果《あくいんくか》ですね。いずれの場合でも、原因は私にあるということです。これを自業自得といいます。自分の行った悪い行為（業）の報いを自分の身に受ける（得）というように、自業自得とは、現在は、自分にとって悪い方向に用いることが多いのですが、本来は、善い方向にも用いられる表現です。

善い結果が出た時には、自分の善い行為（業）が原因であることにかわりはありません。自身の頑張りや努力・鍛錬を誇らしく思うことができるでしょう。けれども、私の努力は、私だけのものではありませんね。私の努力を陰で支えてくれたはたらきにも思いをいたさねばなりません。勉強や仕事に専念できるのは、しっかりと体調を管理してくれる家族の支えがあるからです。この感謝の心を忘れて、頑張っている自身を誇る心のみが前面に出てしまうと、善い結果の価値は半減してしまうかも知れません。

逆に、悪い結果が出た時には、自分の悪い行為（業）が原因であるはずです。にもかかわらず、自分が努力をするつもりだったのに、他の人が邪魔をしたのだと思ってしまうことはないでしょうか。自身のあやまちを素直に省みることなく、他に責任転嫁するような言葉や心は、恥ずかしく、また他を傷付けてしまうことになってしまいます。

善因善果・悪因苦果の因は、ともに私に属するものですが、善果を陰で支えてくれるはたらきに対する感謝を大切にしたいですね。また、苦果を導いた自身の悪因を厳しく見つめ、素直に反省することも大切なことです。

仏教において、善果とは仏果のことです。さとりを開き仏になる、成仏することです。浄土真宗では、お浄土に往生させていただき、仏とならせていただきます。では、浄土往生や成仏のための業・因を、親鸞聖人はどのように詠われるのでしょうか。

仏果に至る業・因

親鸞聖人は「本願の名号は正定の業なり。至心信楽の願（第十八願）を因とす」と詠われました。

すべての生きとし生けるものを等しく浄土に往生させたい、成仏させたいと願われる阿弥陀仏の心が本願です。すべての衆生に向かって、「私はいつもあなたのそばにいますよ」「あなたと一緒にいますよ」と喚びかけ続けてくださる阿弥陀仏の喚び声が名号です。この南無阿弥陀仏という本願の名号が正定の業といわれるのです。

正定とは、正しく定まるということです。

自業自得の論理からすれば、私がお浄土に往生させていただき、仏さまにならせていただくのですから、私の浄土往生や成仏という善果に対する因は、私の行為です。私の行為が正定業《しょうじょうごう》となるはずですが、親鸞聖人はそうはおっしゃりません。

毎朝・毎夕、阿弥陀仏の尊前に座ってお念仏をとなえさせていただきます。昼間のふとした時にも、お念仏をとなえさせていただきます。けれども、南無阿弥陀仏ととなえる私の行為が、私の浄土往生や成仏のための業ではないのです。

阿弥陀仏の真実の願い（本願）と、真実の喚び声（名号）こそが、私を仏果に至らせる正定業なのです。本願名号正定業のお示しを、このように聞かせていただきましょう。

三、お念仏を聞く

お念仏の声

お念仏の声が聞こえなくなってきた、と言われることがあります。ご講師の法話のなか、聴聞をされる同行から、それぞれに「なんまんだぶつ」「なまんだぶ」と出る声が少なくなってきたということです。学校の授業中、先生が話している時には、私語を慎まなければなりませんが、法話を聞く時に口々にお念仏を称えさせていただくことは、美しい姿です。けれども、その声が少なく、小さくなってきたということです。

象徴的に言われることは、焼香の時のお念仏です。聴聞の時に、手を合わせて合掌したり、口にお念仏を称えることが難しくても、焼香の時には、手を合わせてお念仏を称えることが当たり前の作法ですね。

先日、大学のあるクラブの引率で、ご本山に参拝した時のことです。ご本山の職員の方が丁寧に焼香の作法を説明してくださりました。「焼香卓《じょく》の前に進んで、香盒《こうごう》の中のお香を一回つまんで、おしいただかずに香炉に入れ、合掌礼拝をします。先頭と最後の方だけ、香盒の蓋の開け閉めがあります」とのことでした。

学生たちは、教えられた通りに神妙な面持ちで焼香卓の前に進み、合掌礼拝をしましたが、お念仏の声を出す学生はほとんどいませんでした。職員の方の説明を聞き逃したのか、口に称える習慣がなかったのかわかりません。また、若い学生ですし、無理もないことかも知れません。けれども、学生だけのことではないのではないでしょうか。

経文とお念仏

毎月のお参りでは、ご門徒の方と一緒にお勤めをさせていただきます。一緒に大きな声でお勤めをしてくださる方や、静かに目を閉じて私の声を聞いてくださる方、経本を開けても、声を出そうかどうしようか迷っておられる方……。さまざまです。

ご法事などでは、毎月、顔を合わせない方もたくさんおいでです。お仏壇に向かってお勤めをしながら、注意して観察していますと（本当はいけないのでしょうが）、あることに気付きました。

ご法事では、浄土三部経や正信念仏偈をお勤めさせていただきます。浄土三部経の経文や、正信偈・和讃を読誦する時には手を合わされる方はあまりおられませんが、それらの間に称えるお念仏の時には、多くの方が手を合わせておられるのです。

どのようなお気持ちで、お念仏の時に手を合わされているのでしょうか。

ただ心を真っ白にして、手を合わせておられる方もおられるでしょう。先に亡くなった方を思いながら、生前、不孝を続けた自身を悔い、また恥じている方もおられるでしょう。自身の死期が近づいていることを案じている方は、ご自身の後生を案じているのかも知れません。

いずれの方も、仏さまに向かって手を合わせている姿は尊い姿です。

親鸞聖人が私たちに示してくださったみ教えでは、私たちが阿弥陀さまに向かって手を合わせる、その前にすでに、阿弥陀さまが私たちのことを案じてくださっていることが、要となります。これが、阿弥陀さまのご本願であり、南無阿弥陀仏のお名号です。

真実五願

阿弥陀さまのご本願は、『仏説無量寿経』では、四十八を数えることができます。

この四十八の願いの中、第十八番目の願が至心信楽《ししんしんぎょう》の願です。この第十八願の他に、第十一・十二・十三・十七の願を加えて、古来、「真実五願」と呼んでいます。

阿弥陀さまのご本願は四十八ですが、この五つの願を真実（まこと）の願として、特に大切に学び、聞かせていただくところです。

至心信楽の願を因とする

正信念仏偈は一句が漢字七文字からなっている偈です。ここでは「至心信楽《ししんしんぎょう》願《がん》為《に》因《いん》」（至心信楽の願を因とす）の七文字です。この句にある「願」の文字に注目してみましょう。

至心と信楽という心は、ともに「まことの心」です。しかし、私たちがまことの心で阿弥陀さまを信じますということではありません。阿弥陀さまのご本願を、私がまことの心で信じますということではないのです。

「至心信楽を因とす」であるなら、私のまことの心と理解することができます。けれども、「至心信楽を因とす」ではなく、「至心信楽の願を因とす」と親鸞聖人は記しておられます。漢字七文字の偈の体裁を優先して、「願」の字を付けられたのでしょうか？

おそらくそうではありませんね。

「願」の字を付けられているので、阿弥陀さまのご本願を因とするということです。この親鸞聖人の繊細なおこころを、大切にうかがいたいものです。この大胆な表現を、適切に受けとめていきたいものです。

先にお話をした自業自得を思い出してください。私の行う因が、私の果を生じるということでした。これが因と果の当然のつながりです。

私が阿弥陀さまの浄土に往生させていただき、成仏させていただくことが、仏果・証果といわれる果・善果です。「私の成仏」という果とつながる因は、私に属するものであるはずです。けれども、親鸞聖人はそうは記されないのです。「私の成仏」という果に対する因を、阿弥陀さまの「至心信楽の願」と示されるのです。親鸞聖人以外の仏教では、あり得ないことだと思います。なんと大胆な表現でしょうか。私が阿弥陀さまの本願をまことの心で信じると示されるのではなく、阿弥陀さまが私のことを案じておられる、その阿弥陀さまのお心・ご本願を因とされるのです。私がお念仏を称えること。私がご本願を信じること。その私の行い（行）や心（信）に因があると示されるのではないのです。

行や信のない仏教はありません。親鸞聖人の仏教も、もちろんそうです。しかし、親鸞聖人の仏教では、私の行い（行）や心（信）が因となって、私の成仏という果に近づいていくのではありません。煩悩にまみれた煩悩ずくめの私の行い（行）や心（信）をどれだけ積み重ねても、成仏という果に近づくことはできないからです。

常に、たえず、私を案じ、私に寄り添う阿弥陀さまのお心をご本願といただき、ご本願のはたらきをお名号と聞かせていただきましょう。

四、私が「すくわれる」

宝くじ

ご門徒宅に寄せていただくと、時折、お仏壇に面白い物が供え(?)られていることがあります。学校に通われるお子さんのいる家庭では、学期末に通知簿が置かれていることがあります。数カ月間、頑張った子どもの成績を、亡くなられた祖父母に報告をしたいという気持ちなのでしょう。その是非はともかく、お子さんがお仏壇に手を合わせるきっかけや習慣になればいいなぁと思いながら、お勤めをさせていただくことです。

また、何軒かのお宅では、毎年決まった時期に宝くじが置かれています。大きな宝くじは年に五回、発売されているようです。二、三月頃のバレンタインジャンボ、五、六月頃のドリームジャンボ、七、八月頃のサマージャンボ、九、十月頃のハロウィンジャンボ、十一月頃から発売され、大晦日に抽せんされる年末ジャンボです。

これは当せんした宝くじかな？　当せんを待っている宝くじかな？　と思いながら、尋ねてみたことがあります。

まれに「仏さんのおかげで当たったから、しばらくお供えしてから換金に行きますわ」とおっしゃることもありますが、多くは、「当せん番号の発表待ちです。だからお仏壇に供えてるんです」という返答です。

気持ちはわからないではありませんが、ん～と思いながら、こんなことを話させてもらいました。

もし運良く当せんした方が、それを仏さまのおかげであるとおっしゃる時には、では、運悪く当せんしなかった場合には、仏さまに見放されたと感じられるのでしょうか。そんなことはありませんね。仏さまに見放されたのではなく、宝くじに外れただけなのですね。宝くじの当否と、仏さまのすくいとを関連づけるところに誤りがあるのでしょう。

宝くじは当たる人と、外れる人とがいます。けれども、阿弥陀仏という仏さまの本願のすくいから外れる人は一人もいないのです。

本願のすくい

ここでは、「等覚を成り大涅槃を証すること」について考えてみましょう。等覚とは等正覚のことです。覚りに等しい状態をいいます。この位を不退転《ふたいてん》と呼んだり、正定聚《しょうじょうじゅ》と呼んだりもします。不退転とは、退いたり転げ落ちたりしない、もはや退転しないということです。また正定聚とは、正しく定まった仲間(聚)ということです。お浄土に往生すること、また仏さまにならせていただくことが正しく定まった仲間ということです。

正しく定まるということは、間違って定まったのではありません。まだ定まっていないのでもありません。

浄土に往生すること、成仏することが、正しく定まるのです。この位を正定聚の位といいますが、親鸞聖人のみ教えでは、阿弥陀仏の本願をその如く聞信することができた者が、正定聚の位につくといわれます。ここで一点、注意をしなければなりません。

阿弥陀仏の本願をその如く聞信する時に浄土往生・成仏が定まるのであって、浄土往生・成仏するのではありません。この点は、どれほど注意しても、し過ぎることはありません。この世に生きている限り、煩悩から離れることができない者が凡夫なのです。煩悩から離れられない凡夫が、現世で成仏するとは、親鸞聖人は一言もおっしゃいません。正定聚の位に就くことによって、この世の縁が尽きた時、お浄土に往生させていただき、仏さまとならせていただきます。これを「大涅槃《だいねはん》を証《しょう》する」とおっしゃるのです。

必至滅度の願

すでに、阿弥陀仏の四十八の願い（本願）の中、第十八願が至心信楽の願であることを話しました。第十八願を含めて、第十一・十二・十三・十七の願をあわせて「真実五願」と呼ばれることも話しましたね。そのなか、第十一願が必至滅度《ひっしめつど》の願です。

私たちがお浄土に往生し、成仏するための因が、第十八願であることはお話をしました。ここでは、浄土往生・成仏という果が、第十一願に誓われているということです。因も果もすべて、阿弥陀仏のこころ（本願）に誓われているということになりますね。

正定聚のよろこび

宝くじの話をしましたので、ここでも宝くじの話から考えてみましょう。

宝くじを買う時には大きな夢を抱いて買うのですが、買った後、当せん番号の発表があるまでしばらく時間が空きますね。そのせいか、せっかくの当せんくじでも、引き替え（換金）に来ないケースが意外にたくさんあるということです。手元にある宝くじが当せんしていたとしても、そのことを私が知るということが重要になってきます。

手元にあるくじが当せんしたことを知っていれば、そのくじは、当せん金額と等しい価値を持つことになります。少し厳密に言えば、換金する前のくじそのものは、お金として使えませんから、その意味では紙切れと同じです。けれど、その紙切れは当せんしているので、近い将来間違いなく当せん金額になります。今は紙切れでも、実質は当せん金額に等しい価値があるのです。

正定聚の位を、宝くじなどで喩えて申し訳ありませんが、正定聚の位は、当せんした宝くじを、いまだ換金していない状態と考えられるでしょう。手元にあるくじは紙ですが、タダの紙切れではなく、当せん金額と等しい価値のある紙です。換金所に持参すれば、間違いなく当せん金が得られます。

正定聚の位は、いまだ浄土に往生していない現世の私です。覚りを開いた仏さまからは、到底かけ離れた煩悩ずくめの私です。煩悩ずくめの私を、阿弥陀さまが心配で心配でたまらなく思われ、常に願いをかけてくださるのです。その願いが第十八の至心信楽の願であり、第十一の必至滅度の願です。私にかけられたこの願いを知るということが大切なことです。私が煩悩ずくめの私でありながら、そのまま、お浄土に迎えられ、仏さまとならせていただく身として生かさせていただくということです。

煩悩に引きずられて浄土往生を不安視することもなく、煩悩ずくめの私が、間違いなく浄土往生を果たすことの決定した身として生かさせていただくところに、現生（現世）で正定聚の位を生きる喜びがあるといえるでしょう。

出世本懐

如《にょ》来《らい》所《しょ》以《い》興《こう》出《しゅっ》世《せ》　唯《ゆい》説《せつ》弥《み》陀《だ》本《ほん》願《がん》海《かい》
五《ご》濁《じょく》悪《あく》時《じ》群《ぐん》生《じょう》海《かい》　応《おう》信《しん》如《にょ》来《らい》如《にょ》実《じつ》言《ごん》

【書き下し】

如来《にょらい》、世《よ》に興出《こうしゅつ》したまふゆゑは、ただ弥陀《みだ》の本願海《ほんがんかい》を説《と》かんとなり。
五濁悪時《ごじょくあくじ》の群生海《ぐんじょうかい》、如来如実《にょらいにょじつ》の言《みこと》を信《しん》ずべし。

（『註釈版聖典』二〇三頁）

【現代語訳】

如来が世に出られるのは、ただ阿弥陀仏の本願一乗海の教えを説くためである。
五濁の世の人々は、釈尊のまことの教えを信じるがよい。

（『教行信証（現代語版）』一四四頁）

一、お釈迦さまが伝えたかったこと

生き生きとした大学生活

ある日、数人の学生と、大学生活について話をしていました。その中の一人の学生に誘われて、合唱団のコンサートを聴きに行きました。日頃の成果を聴衆の前で発表する機会です。「真宗《しんしゅう》 宗歌《しゅうか》」などが演目にあり、最後はOBの方も一緒になって大合唱となりました。日頃は比較的物静かなその学生も、身体を揺らしながら、楽しそうに歌っている姿が非常に印象的で、やりたいことや打ち込めることを見つけて、毎日を生き生きと過ごしている様子をほほ笑ましく見ていました。

後日、この学生に、「今、君が一番生き生きとしている時は、何をしている時かなぁ」と尋ねると、案の定、歌を歌っている時ですというこたえが返ってきました。

この世ですべきことは何でしょうか

私たちが一番生き生きとしている時はどんな時でしょうか。少し質問を変えると、私たちはこの世で何をすべきなのでしょうか？　何のためにこの世に生まれてきたのでしょうか？

長嶋茂雄《ながしましげお》さんは、野球をするために生まれてきたといっても過言ではないほど、日本のプロ野球に貢献をされた方ですね。現役選手時代、監督時代を含め、まさに野球人となるべく、この世に生まれてきたといえるでしょう。

また大鵬親方も、相撲の横綱になるために生まれてきた方といえるでしょう。

もちろん、言葉にできないほどの本人の努力があることは言うまでもありませんが、天性の素質、天賦の才能に恵まれ、その素質や才能を開花させた結果でもあるのでしょう。

映画やドラマを見ていると、「あなたに出逢うために生まれてきた」という台詞を聞くことがあります。

さて、私たちは、何をするためにこの世に人として生まれたのでしょうか。

釈尊の対機説法・応病与薬

お釈迦さまが説かれた教えは八万四千あるといわれます。実際に一つ一つ数えて八万四千というわけではありません。お釈迦さまが説かれた教えが多いことをこのようにたとえます。なぜこれほどたくさんの教えがあるのでしょうか。それはお釈迦さまが機《き》（人）を見て教えを説かれたからです。対機説法といわれるお釈迦さまの説法の特徴です。

人は皆、それぞれの人生を歩み、その人生の中でさまざまな思いや悩みを持ちます。十人の人がいるとすれば、十通りの考え方があり、十通りの悩みがあるといえるでしょう。お釈迦さまは、その十人の悩みや苦しみを聞き、それぞれの苦悩を解決する言葉を、その人に最も伝わる方法で説いていかれたのです。理路整然と論理的に話されることを好む人もおられます。また、多くのたとえを用いながら話されることを好む方もおられます。このように相手の素質や能力を見抜き、適切に教えを説かれたお釈迦さまの説法は、医者と患者の関係にたとえて応病与薬ともいわれます。良医は、患者の痛みを聞き、患部を治療する最適な方法を見つけてくれます。腹痛であれば腹痛が治る処方箋が出されるように、病に応じて薬を与えるということです。

それでは、私たちにとって最良の処方箋は何でしょうか？　阿弥陀仏の本願がそれであるといえるでしょう。お釈迦さまがこの世にお生まれになったのは、この阿弥陀仏の本願をお説きになるためであるというのが、今回の出世本懐《しゅっせほんがい》です。

出世とは、この「世」に「出」るということ、この世に生まれるということです。お釈迦さまが、私たちと同じように人としてこの世に誕生されたということです。

本懐とは、懐の奥深くに抱いている本当の思い・目的・本意ということです。

釈尊は阿弥陀仏の本願を説くためにこの世に人としてお生まれになったのです。阿弥陀仏の本願が直接的に説かれた経典が『仏説無量寿経』です。親鸞聖人は、釈尊出世本懐の経典をこの『仏説無量寿経』と受けとめられています。もちろん、仏教は八万四千の教えがあると考えられますから、立場が異なると、出世本懐の経典も異なることになりますが、私たち浄土真宗では、『仏説無量寿経』と受けとめています。

釈尊のかがやき

お釈迦さまが阿弥陀仏の本願を語られるきっかけが、『仏説無量寿経』の序分《じょぶん》に記されます。そのきっかけは、多聞第一《たもんだいいち》といわれる阿難尊者《あなんそんじゃ》の質問です。日頃からお釈迦さまの説法を聴聞されていた阿難尊者が、日頃にまして光り輝くお釈迦さまをご覧になって、その訳をお尋ねになりました。その質問をきっかけに、お釈迦さまの説法が始まります。

このお釈迦さまの輝きは、阿弥陀仏の心とお釈迦さまの心が重なり、阿弥陀仏とお釈迦さまが互いに念じあい、喜びの中におられるからです。喜びに満ちあふれたお釈迦さまは、阿難尊者の質問をきっかけに、阿弥陀仏の心（本願の心）を説法されるのです。

この阿弥陀仏の本願を説くために、お釈迦さまがこの世に人としてお生まれになったのです。もしお釈迦さまの説法がなければ、私たちは阿弥陀仏の本願を知ることができなかったでしょう。もし阿難尊者の質問がなければ、お釈迦さまの説法がなかったのですから、私たちは阿弥陀仏の本願を知ることができなかったでしょう。もし阿難尊者が、お釈迦さまの光り輝く姿に気づくことがなければ、お釈迦さまにその様子を尋ねることがなかったのですから、私たちは阿弥陀仏の本願を知ることができなかったでしょう。

そう思うと、阿難尊者が、よくぞお釈迦さまの様子に気付き、よくぞ質問をしてくれたと思います。

この世に生まれて

では、私たちがこの世に生を受けた意味は何でしょうか。

大学の講義で、お釈迦さまの出世本懐の話をする前後にこの質問をしてみたことがあります。

私が話をする前には、大好きな歌を歌うため、楽器を演奏するため、野球をするため……さまざまなこたえが返ってきました。中には、父のあとを継いで住職になるためとこたえる学生もいました。

私が出世本懐の話をした後に、同じ質問をすると、「私たちが本願を聞くことですね！」と、明るい表情で、少し照れくさそうに、こたえてくれました。

お釈迦さまの説かれた教えが、ここでは、「弥陀《みだ》の本願海《ほんがんかい》」「五濁悪時《ごじょくあくじ》の群生海《ぐんじょうかい》」という二つの海で示されています。次に、この海のたとえを中心に話をしたいと思います。

二、すべてが大海のように

うれしいできごと

毎月のお参りに寄せていただくと、その時々のご門徒の様子をうかがい知ることができます。先月から今月にかけての出来事などを聞きながら、お茶をいただくことが楽しみとなっています。

あるお宅では、私が寄せていただくのを待っていてくれるかのように、私がチャイムを鳴らして玄関を上がるやいなや、走ってきて私を迎えてくれるお子さんがいます。お誕生日の頃には、お父さんやお母さんからもらった誕生日プレゼントを見せてくれます。乳歯から永久歯に歯が生え替わる年齢なので、前歯が抜けたことを報告してくれたこともあります。時にはご両親のけんかの様子も細かに話してくれるので、聞いているお母さんが恥ずかしそうに、顔を真っ赤にされることもあります。

前回のお参りは、幼稚園の夏休みに入った頃でした。真っ黒に日焼けしているので、想像通り、家族で海に旅行に行ったことをうれしそうに話してくれました。海で泳いだこと、スイカ割りをしたこと、バーベキューをしたこと、花火をしたこと……よほど楽しい旅行だったのでしょう。お勤めを始めようと思ってお光を灯したのですが、楽しそうに話してくれる様子に聞き入ってしまい、いったん灯したろうそくのお光がなくなってしまって、お勤めを始める時に新しいろうそくを用意していただいたことでした。

うれしいことや楽しいことは、人から聞かれる前に、自分から誰かに話をしたくなりますね。阿難の問いをきっかけに、お釈迦さまがかがやきながら『仏説無量寿経』の説法をなさったこと、『仏説無量寿経』を説くために、お釈迦さまがこの世にお生まれになったという出世本懐のお話をさせていただきました。

出世本懐の意味

出世本懐とは、『仏説無量寿経』を説くために、もっと端的には、阿弥陀仏の本願を説くために、お釈迦さまがこの世にお出ましになったということです。

ここで一つ、注意をしなければならないことがあります。お釈迦さまが私たちに説いてくださった阿弥陀仏の本願は、お釈迦さまが私たち人間の言葉で説明してくださったのであって、お釈迦さまがお作りになったものではないということです。

しばしば喩えられるように、ニュートンが万有引力の法則を導入したことは有名ですが、ニュートンは万有引力の法則を発見したことが功績であって、ニュートンが引力を発明したわけではありませんね。

また、アメリカ大陸の発見についても、コロンブスがアメリカ大陸を発見したのであって、アメリカ大陸を作ったわけではありませんね。

これらと同じように、お釈迦さまが阿弥陀仏の本願をお作りになったわけではありません。お釈迦さまの説法の前に既に、阿弥陀仏の大きな慈悲のお心が、私たちに注がれていたのです。お釈迦さまの説法の前に既に、阿弥陀仏の光が、私たちを包んでくださっていたのです。お釈迦さまは、その阿弥陀仏の光・心を、私たちにわかる言葉で説くために、この世にお生まれになったのです。

如来と釈迦

親鸞聖人のお書物のすべてではありませんが、親鸞聖人がお書きになった直筆の書がいくつか残されています。親鸞聖人七百五十回大遠忌法要（二〇一一年四月九日〜二〇一二年一月十六日）の頃には、いくつかの博物館で親鸞聖人に関わる特別展示が行われ、直筆のいくつかが展示されていました。

いま、お話しさせていただいている四句の直筆をご覧いただくと、黒く塗られて修正された箇所が三箇所あることに気付きます。

一句目と四句目に如来の語があります。一句目の如来の語の右傍に書かれた釈迦の語は消されています。また四句目では、釈迦の語の上に如来と書かれていることがわかりますね。

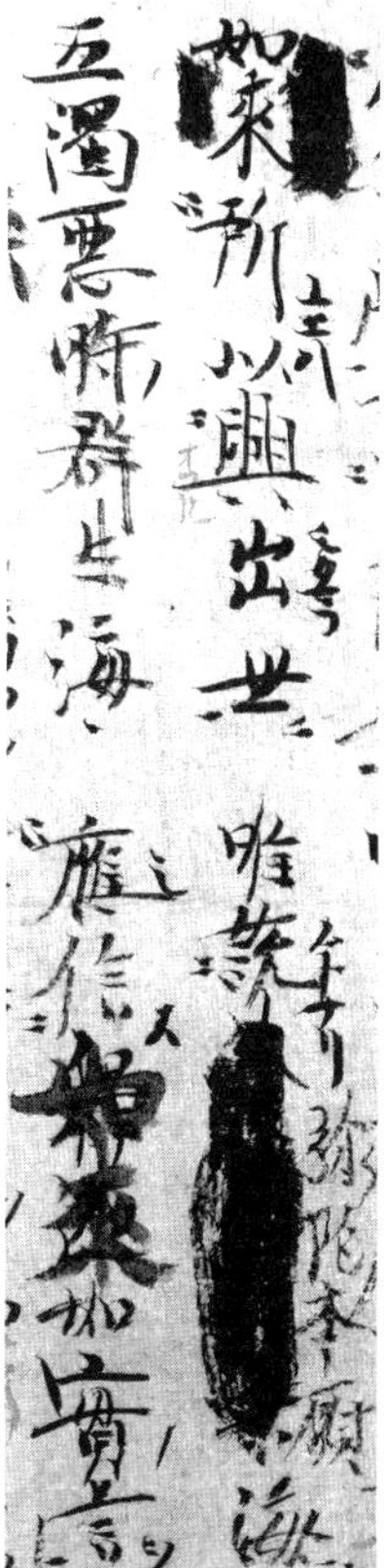
親鸞聖人筆『顕浄土真実教行証文類』（坂東本）真宗大谷派蔵。国宝。

一度お書きになった文字をあえて修正しておられるということです。その意を不遜ながらうかがってみると、阿弥陀仏の本願をお説きになること、『仏説無量寿経』を説法なさることが、お釈迦さまの出世の本懐であるのですが、お釈迦さまにかぎらず、あらゆる仏さま（如来）の出世の本懐だということでしょう。

多くの仏さまが阿弥陀仏を讃嘆され、説法されることによって、無数の私たち凡夫がその説法に出遇う機縁が整うことになるのですね。

海

文字の修正について、もう一箇所は、二句目の「唯説弥陀本願海《ゆいせつみだほんがんかい》」のところです。この七文字は、もとは「唯説本願一乗海」であったようです。

一乗とは、すべての人を乗せるただ一つの乗り物ということです。「すべての人を等しくさとりに至らせたい」と誓われた仏さまの本願が、私たち凡夫がさとりに至る唯一の道であるということです。ですから、本願一乗海《いちじょうかい》と表されても、意味はその通りに受けとめられますが、より具体的に、はっきりと阿弥陀仏の本願であると示そうとなさって、「弥陀本願海」とされたとうかがうことができます。

さて、お釈迦さまが説かれた教えが、ここでは「弥陀の本願海」「五濁悪時の群生海」という二つの海の喩えで記されています。この二つの言葉について考えてみましょう。

親鸞聖人のお書物を拝読する時、海の喩えが多く見られることに気付きます。一般に「海」「山」と対比されることがありますが、親鸞聖人のお書物には山の喩えが少ないのに対し、海の喩えが多用されています。また、法然聖人の『選択本願念仏集《せんじゃくほんがんねんぶつしゅう》』には海の喩えが一つも用いられていないことから見ても、大きな特徴といえるでしょう。

本願海・群生海の他に、海の喩えは正信偈でも「如衆水入海一味《にょしゅしいにゅうかいいちみ》」「帰入功徳大宝海《きにゅうくどくだいほうかい》」「開入本願大智海《かいにゅうほんがんだいちかい》」と用いられます。海の喩えの深いおこころについては、「如衆水入海一味」のところで詳しくお話しをさせていただきますので、ここでは、海の喩えによって、二つのことが明らかにされていることを見ておきたいと思います。

一つは、一乗海・誓願海《せいがんかい》・智慧海《ちえかい》・大信海《だいしんかい》などと表される内容です。これらは、阿弥陀仏の真実のはたらきを指し示す言葉です。

もう一つは、生死海《しょうじかい》・愚痴海《ぐちかい》・無明海《むみょうかい》・煩悩海《ぼんのうかい》などと表される内容です。これらは、私たち凡夫を表す言葉です。

つまり、阿弥陀仏の真実のはたらきが海に喩えられ、私たち凡夫もまた海に喩えられているのです。

「海」という童謡に「♪海は広いな　大きいな」と歌われるように、海は、想像を絶するほど、広く大きく深いものです。

私たち凡夫の煩悩が果てしなく大きく、欲が深く、怒りの炎も高く燃えさかっているということでしょう。と同時に、果てしない煩悩にまみれた私たちを、そのままつつみこむ阿弥陀仏の大きなはたらきが海と表されるのです。

三、「私も悪かった」？

ろうそくの炎

「暑さ寒さも彼岸まで」と言われますが、温暖化の影響でしょうか、毎年の夏の暑さは、猛烈な暑さ（猛暑）を通り越して、ひどい暑さという「酷暑」という言葉がふさわしい毎日です。

私は身体が大きい（太い）せいか、夏はもちろん、春から秋まで月参りに寄せていただく時に、汗をかいてしまいます。

私がご門徒宅にお参りに寄せていただくようになったのは、高校を卒業した夏の頃からでした。昭和六十三年頃のことですが、その頃はまだ仏間にクーラーのあるお宅が少なく、お勤めの間中、ずっとうちわであおいでくれたおばあちゃんもいました。最近は、電化製品が普及しているおかげでしょうか、うちわであおがれる方はほとんどおられません。熱中症の危険性が叫ばれるせいでしょうか、多くのお宅でクーラーや扇風機を私に向けていただきます。

このこと自体はありがたいことなのですが、クーラーや扇風機の風向きや風量によっては、ろうそくの灯りが消されてしまうことがあります。

愚痴ではないですよ！　愚痴ではありませんが、経本を開け、阿弥陀さまを仰ぎながら、心静かにお勤めをさせていただこうとするとき、吹き消されそうになるろうそくの炎にひやひやすることがあります。

「もう少し風量を下げてほしいなぁ」

「直接風を向けたら、お光が消えてしまうのになぁ」

「扇風機の位置を動かして、風向きを変えてほしいなぁ」

玉の汗が噴き出て、全速力で走った直後のように汗を流している私のために、心地よい風を向けてくださっているにもかかわらず、なんと自分勝手なことでしょう。相手を責めるような気持ちになっている時もあります。恐ろしいことです。

五濁悪時

お釈迦さまが私たちのこの世にお出ましになって、阿弥陀仏の本願をお説きになられました。五濁《ごじょく》の世の人々は、お釈迦さまのおっしゃる真実の言葉・真実の教えを信じるがよいと言われています。

浄土三部経の一つ『仏説阿弥陀経』を読まれる方は、その最後の辺りに五濁とあることに気付いておられるでしょう。劫濁《こうじょく》・見濁《けん》・煩悩濁《ぼんのう》・衆生濁《しゅじょう》・命濁《みょう》の五つの濁りを五濁といいます。『浄土真宗辞典』の「五濁」の項目には次のような説明があります。

劫濁：時代のけがれ。飢饉や疫病、戦争などの社会悪が増大すること。
見濁：思想の乱れ。邪悪な思想、見解がはびこること。
煩悩濁：貪欲・瞋恚・愚痴などの煩悩が盛んになること。
衆生濁：衆生の資質が低下し、十悪をほしいままにすること。
命濁：衆生の寿命が次第に短くなること。

また、親鸞聖人が七高僧と仰がれた中、第五祖の善導大師（六一三〜六八一）が『観経《かんぎょう》四帖疏《しじょうしょ》』において、五濁の説明をされているので、いくつか参考にしてみましょう（『註釈版聖典（七祖篇）』三九二頁）。

善導大師は劫濁について、「劫《こう》は実《じつ》にこれ濁《じょく》にあらず」と示されます。「時代が悪くなった」ということを耳にしますが、悪い時代をつくっているのが人間であり、その人間が悪いという視点が欠けては、なんにもなりませんね。自身の悪を棚に上げて、時代のせいにしていては、ほとんどのことは解決しないといわなければなりません。

この人間の悪について、見濁・煩悩濁・衆生濁・命濁が語られているといえます。

善導大師は見濁については、「自身《じしん》の衆悪《しゅあく》は総《そう》じて変《へん》じて善《ぜん》となし、他《た》の上《うえ》に非《ひ》なきをば見《み》て是《ぜ》ならずとなす」と示されます。

私はたくさんの悪事をはたらいてしまっている。そのことをわかっているにもかかわらず、私の悪には目をつぶり、それを善、つまりよいことであると考えるというのです。

逆に、相手にはなんら非がないということをわかっているにもかかわらず、「是ならず」、つまり相手が正しくはないと考えるというのです。

そんなに自分を悪者にしなくてもいいんじゃないの、と思われるかもしれません。また、私はきちんと相手の正しさを認め、自分の悪を認めていますよ、とおっしゃる方もおられるかもしれません。私もそうです。

けれども、ある先生の話を聞いて、うなずかされた時がありました。

その先生が、長年連れ添っている連れ合いの方と口げんかをされた時のことです。けんかをして、言いたいことを言った後、先生は隣の部屋に移りました。そして少し頭を冷やして冷静になると、けんかをするほどのことでなかったことに気付き、連れ合いの方に謝るため、部屋に戻ったそうです。そしておっしゃった言葉が、こうです。

「ごめん、私も悪かった」

「悪かった」というのは、私の非を認めて謝っているように聞こえる言葉です。けれども、この言葉を聞いた連れ合いの方の怒りの炎はさらに燃えさかってしまいました。

「私も」の「も」がいけないのですね。

自身の非を認めて謝るなら「私が悪かった」と声にすればよいのです。「私も悪かった」というのは、「あなたも悪かった」ということです。

なかなか自身の非を認めることは難しいということでしょう。

五濁悪時っていつ？

五濁の世の人々は、お釈迦さまのおっしゃる真実の言葉・真実の教えを信じるがよい、といわれますが、五濁の世とはいつの時代をいうのでしょうか？　また、誰にとっての時代をいっているのでしょうか？

親鸞聖人のお書物を拝読すると、「五濁悪世《ごじょくあくせ》のわれら」（『高僧和讃』、『註釈版聖典』五九一頁）や、「五濁《ごじょく》のわれら」（『一念多念文意』、同六八〇頁）というお言葉に出あいます。親鸞聖人と、今の私たちは、およそ八百年の隔たりがありますが、八百年前の親鸞聖人の時代も、私たちの今も、まさに五濁の世なのですね。

また、お釈迦さまの時代とは二千五百年の隔たりがあります。これだけの大きな隔たりがありますが、お釈迦さまが、ご自身のおられた時代を五濁の世と示されています。

お釈迦さまの時代、親鸞聖人の時代、現在、そのいずれもが五濁の世であるということです。また、時代が悪であるというだけではなく、その時に生きる私が悪であるということが、大切になってくるのでしょう。お釈迦さまの説かれた阿弥陀仏の本願は、五濁に生きる私のための教え・言葉なのです。私に説かれた言葉を、大切に、大切に、聞かせていただかなければなりません。

信心の利益（1）

能《のう》発《ほつ》一《いち》念《ねん》喜《き》愛《あい》心《しん》　不《ふ》断《だん》煩《ぼん》悩《のう》得《とく》涅《ね》槃《はん》

【書き下し】

よく一念《いちねん》喜《き》愛《あい》の心《しん》を発《ほっ》すれば、煩悩《ぼんのう》を断《だん》ぜずして涅槃《ねはん》を得《う》るなり。

（『註釈版聖典』二〇三頁）

【現代語訳】

信をおこして、阿弥陀仏の救いを喜ぶ人は、自ら煩悩を断ち切らないまま、浄土でさとりを得ることができる。

（『教行信証（現代語版）』一四四頁）

一、親子の一喜一憂

親が子となり　子が親となり

恥ずかしながら、私の小学生の頃のできごとから書かせていただきましょう。

私には一つ上の姉がいますが、小さい頃から何をしてもかなわない姉でした。小学校の勉強はもちろんのこと、かけっこをしても全く勝負になりませんでした。お習字やそろばんを習っていた時にも、常に上の級・段を姉が先に進んでいました。大人と違い、子どもの頃の一歳という年の差は、相当に大きいですね。ですから、何をしても負けて当然なのですが、ある年、地元のそろばん大会で、私が優勝したことがありました。学年が異なるので姉に勝ったわけではありませんが、その大会では姉はまだ優勝をしたことがなかったので、なんだか姉に勝ったような気持ちで家に帰りました。家で待っていた両親に報告すると、満面の笑みで喜んでくれたことを今でもよく覚えています。

良い成績を出せたことに私自身、喜んでいたのですが、両親が喜んでくれたことが、喜びを一層大きなものにしてくれたのでしょう。

子どもは親の喜ぶ顔を見ると、喜びが倍増するのですね。

日本を代表する哲学者の一人・西田幾多郎《にしだきたろう》（一八七〇～一九四五）はこのことを、『善の研究』（一九一一）の中に次のように述べています。

「親が子となり子が親となり此処に始めて親子の愛情が起るのである。親が子となるが故に子の一利一害は己の利害の様に感ぜられ、子が親となるが故に親の一喜一憂は己の一喜一憂の如くに感ぜられるのである」

「親が子となり子が親となり」とは、戸籍の上で、親が子となったり、子が親となったりすることをいっているのではありませんね。親が子となることによって、子どもの「一利一害」が親の「一利一害」のように感じられるということですね。

毎朝、姉と弟の二人のお子さんが楽しそうに幼稚園に通ってくれることを話してくれたご門徒がいます。弟さんは昼過ぎに、お姉さんはそれより少し遅くに帰ってきて、ともに幼稚園であった朝からのできごとを、細かに話してくれるそうです。お子さんが幼稚園を楽しい場であると思っており、そのことをそのまま、嬉しそうに話してくれるお母さんの優しい心を感じさせてもらったひと時でした。

けれども、よくよく話を聞くと、初めからそうではなかったようです。お姉さんは、初めから楽しそうに行ってくれたのですが、弟さんの方は、初めの頃はぐずっていたそうです。お姉さんの時には、楽しく出かけるのが当たり前だと思っていたお母さんは、弟さんがぐずる様子を見て、心配で心配でたまらなかったそうです。いつの頃からか、そんなお母さんの心配はなくなったそうですが、あたたかな親心ですね。

また、親の「一喜一憂」がそのまま子どもの「一喜一憂」になるということもあります。両親が毎日仲良く楽しそうに話していると、子どもはそれがうれしいのでしょう。逆に、毎日けんかばかりしている両親の様子を見ている子どもは、楽しいはずがありませんね。

これもあるご家庭の話です。嫁がれてからずっと、姑さん（お義母さん）との仲がうまくいかず、食事を作っても、毎回は食べてもらえずにいたそうです。けれども、姑さんが亡くなる直前に、「ご飯、おいしかったよ。ありがとう」とおっしゃったそうです。お嫁さんが食事の用意を始めるのを見て、わざと外出して食事を済ませて戻って来られるなど、つらいこともあったそうですが、最後にその言葉を聞くことができて、これまでのつらさが吹っ飛んだそうです。

いくつになっても、親の言葉に一喜一憂するものなんですね。

能（よく）ということ

「能発《のうほつ》一念《いちねん》喜愛心《きあいしん》　不断《ふだん》煩悩《ぼんのう》得《とく》涅槃《ねはん》」について話を始めていきましょう。「能発一念喜愛心」とは、『無量寿如来会《むりょうじゅにょらいえ》』というお経の「能生一念喜愛之心」に依ったものでしょうか。まず「能（よく）」ということについて、話してみたいと思います。

先に、「五濁悪時の群生海、如来如実の言を信ずべし」というご文がありました。「五濁の世の人々は、釈尊のまことの教えを信じるがよい」というご文に続いて、「能（よく）一念喜愛の心を発すれば」と記されており、釈尊の教えを信じることができた者は、ということになりますね。なかなか自分の非を認めることのできない私たちですから、釈尊のまことの言葉をなかなか信じることは難しいといわなければなりません。けれども、毎月のお聴聞を重ね、何年もお聴聞を重ねる中で、自分の非を照らしてくださる釈尊のまことの教え＝阿弥陀仏の心を信じることができるようになるということを「能」と表しておられるのだと受けとめることができるでしょう。

正信偈からは少し離れますが、親鸞聖人は『教行信証』に、「欣求浄刹《ごんぐじょうせつ》の道俗《どうぞく》、深《ふか》く信不具足《しんふぐそく》の金言《きんげん》を了知《りょうち》し、永《なが》く聞不具足《もんふぐそく》の邪心《じゃしん》を離《はな》るべきなり」（『註釈版聖典』二四六頁）と説いておられます。お浄土に往生することを願うならば、「不充分な信じ方ではいけませんよ」「不完全な聞き方で満足してはだめですよ」とおっしゃっているのです。不充分な信じ方とは、言葉を聞いただけで、その意味内容を知らずに信じているような信じ方のことです。また、不完全な聞き方とは、他の人との議論に勝ちたいとか、名利を求めて聞こうとする聞き方のことです。

私が学生の頃、「ここは、学者・研究者には厳しい言葉なんや」とおっしゃった恩師の言葉を思い出しながら、今この原稿を書いていますが、学者・研究者でなくとも、このご文は、親鸞聖人の厳しいお言葉であると思います。お聴聞をして、わかったふりをすることはあまりないかもしれませんが、わかったつもりでいることはよくあることではないでしょうか。けんか・口論をした相手を負かすためにお聴聞をして、自分を正当化していては、完全な聞き方・信じ方とはいえないのでしょう。難しいところですね。

発するとは？

次に、「喜愛の心を発する」について、少しだけ話してみましょう。『尊号真像銘文《そんごうしんぞうめいもん》』というお書物において、親鸞聖人は、正信偈の心をご自身で解説しておられます（全文ではありませんが）。「発」について、「おこすといふ、ひらくといふ」（『同』六七二頁）と説いておられるので、自分の心の中に、自分で、喜愛の心を起こすのかといえば、そうではありませんね。自分で起こすのではなく、釈尊のまことの言葉、阿弥陀仏の心が、私の心に「おこす」心なのです。

親の温かな言葉や心が、子どもの心に安心や喜びを起こすのと同じように、釈尊の言葉や阿弥陀仏の心に触れることのできた衆生の心に生じる心が「喜愛の心」と呼ばれる心なのです。これを「信心の利益《りやく》」と受けとめてみたいと思います。

「能発一念喜愛心」から、「是人名分陀利華《ぜにんみようふんだりけ》」までの十六句は、「信心の利益」が五種にわたって明かされます。しばらく、「信心の利益」についてお話を続けていこうと思います。

二、煩悩のままで

ありがとうの言葉・こころ

私が小さい頃から、お寺によくお聴聞に来られていたご門徒のおばあちゃんが、先日、亡くなられました。晩年は施設に入居されていたので、月参りの日には、その娘さんとお話をしていました。おばあちゃんが百歳でしたから、その娘さんもそこそこ高齢ですので、老老介護といってもよいでしょうか。中陰のお勤めに寄せていただいた時に、こんな話をうかがいました。

「母は、ありがとうが〝口癖〟のようになっていましたから、娘の私からすると、もっと気持ちを込めて〝ありがとう〟って言ってほしいと思っていたんです。でも、施設に入ってからは、施設の職員の方々から、とてもよろこばれたんです」

娘さんはお母さんと同居ではなかったので、わざわざ世話をするために毎日、通っておられました。遠方ではなく、いわゆる「料理の冷めない距離」ですが、雨の日は傘をささないといけないのでたいへんです。お母さんの所に通って来られる娘さんのそんな姿を見ては、「さすがに実の親子だなぁ。ご本人のお身体もつらい時があるだろうに、お母さんの介護をされているんだなぁ」と、娘さんに対して頭の下がる思いでした。

その娘さんが、施設に入られた後のお母さんのことを、うれしそうに話してくれたのが印象的だったのです。

施設の方がいろいろとケアをしてくださる、その一つひとつ、一人ひとりに、ありがとう、ありがとう、と声をかけられるので、施設の方が皆、「ホンの小さなことしかしていないし、当たり前のことをしただけなのに、ありがとうって言ってくれるから、気持ちよくお世話をさせてもらえるし、私が失敗をしてもありがとうって言ってくれるから、しょげることなく、次にはもっと喜んでもらおうって頑張れるんです」と話してくれたそうです。

「ありがとう」という言葉ってスゴイですね。

ありがとうと感謝できるあたたかい心も素晴らしい心ですし、そのあたたかい心を受けた人も、あたたかい心になることができるのですね。

「よく一念喜愛の心を発すれば」というご文は、「阿弥陀仏のあたたかな心に触れることができた者は」と受けとめることができます。

煩悩と涅槃

では、「煩悩を断ぜずして涅槃を得るなり」について話していきます。

親鸞聖人は煩悩について、『唯《ゆい》信《しん》鈔《しょう》文《もん》意《い》』というお書物の中で「煩《ぼん》は身《み》をわづらはす、悩《のう》はこころをなやますといふ」（『註釈版聖典』七〇八頁）と記しておられます。今は、煩と悩を分けることなく、私たちの身心を悩ませ煩わせる元となるものが煩悩であると理解しましょう。

涅槃とは、サンスクリット語のニルヴァーナ（nirvāna）を音写した言葉です。先にお話をした「等覚を成り大涅槃を証する」のところにも涅槃の語は出ていましたが、その意味は、さとりの境地です。すべての煩悩の火が完全に吹き消された境地のことを涅槃というのです。煩悩がなくなった状態を涅槃というのですね。

とすれば、親鸞聖人のおっしゃる「煩悩を断ぜずして涅槃を得るなり」というのは、おかしな表現と言わなければなりません。

「煩悩を断じて涅槃を得るなり」であれば、私たちの身心を悩ませる煩悩を断ち切って、涅槃のさとりを得るということですから、うんうんとうなずくことができます。けれども親鸞聖人は「煩悩を断ぜずして」とおっしゃるのです。なぜこのようなことをおっしゃったのでしょうか？

その答えのヒントは、曇鸞大師の『往生論註《おうじょうろんちゅう》』にあります。曇鸞大師は、親鸞聖人が大切に仰がれた七人の高僧の第三祖です。曇鸞大師の『往生論註』にある「不断煩悩得涅槃分」をヒントに、正信偈のご文を作られたことは間違いのないことでしょう。けれども、この曇鸞大師と親鸞聖人のお心は、全く重なっているかというと、そうではありません。

曇鸞大師は、お浄土に往生した者の得る利益として語られます。煩悩にまみれた私たち凡夫がお浄土に往生することができたならば、お浄土の徳として、煩悩を断つことなく涅槃のさとりを得ることであると示されます。

親鸞聖人は、この曇鸞大師のご文を受けつつ、さらにもう一歩、深い理解を示されています。

お浄土に往生した者が得られる利益ではなく、この「五濁悪時群生海」のまっただ中にいる私たちの得られる利益として、このご文を記されているのです。

『唯信鈔文意』のご文を紹介しましたが、その直前にはこのような文があります。

無礙《むげ》光仏《こうぶつ》の不可思議《ふかしぎ》の本願《ほんがん》、広大智慧《こうだいちえ》の名号《みょうごう》を信楽《しんぎょう》すれば、煩悩《ぼんのう》を具足《ぐそく》しながら無上大涅槃《むじょうだいねはん》にいたるなり。具縛《ぐばく》はよろづの煩悩《ぼんのう》にしばられたるわれらなり。煩《ぼん》は身《み》をわづらはす、悩《のう》はこころをなやますといふ。

（『註釈版聖典』七〇七頁）

先にお話しした「本願名号正定業《ほんがんみょうごうしょうじょうごう》　至心信楽願《ししんしんぎょうがん》為因《にいん》」とあわせて読ませていただきたいところです。

煩悩にまみれた私たちを救わずにはおれない阿弥陀仏の本願・名号のお心に接することができた者は、煩悩を具《そな》えたまま、さとりの境地に到達することができるというのですね。

浄土に往生した利益として

さて、ここで一つ、難しい問題が生まれてきます。

お浄土の徳として、煩悩を具えたまま、さとりの境地に達することができるというのであれば、さほど問題とはなりませんが、この娑婆世界に生きる私たちが得られる功徳として、さとりの境地に達するということは、あり得ないことではないでしょうか。

この世に生きている人がさとりの境地に達するということは、煩悩をもったままの私が仏さまであるということになりますが、私たちが仏さまとならせていただくのは、お浄土に往生した利益として語られるからです。はじめに掲げられている現代語訳に示されている通りです。

この世で浄土往生・成仏するのではありませんね。浄土往生・成仏が必ず間違いのない正定聚の位に、現生（現世）で就かせていただくと理解をしなければなりません。阿弥陀仏の本願・名号を聞き、その通りに受けとめることができる人は、必ず間違いなく、お浄土に往生し、仏さまとならせていただくことがわかるのです。

煩悩を断ち切りたい、煩悩を少しずつでも少しずつでも減らしていきたい。そう考えるのが私たち仏教徒ですね。その煩悩を断ち切ることはできるでしょうか。少しずつでも減らしていきたいけれども、それも簡単なことではありませんね。恥ずかしい私です。けれども、その煩悩を断ち切る必要がないと受けとめていくことが大切だと思います。

三、悪の因果を断ち切って

私の根深い自己中心の考え

阪神・淡路大震災以後、地震の予知についてさまざまな議論がされていますが、台風については、地震よりもある程度の精度で予知することが可能であろうと思われます。

台風の予報は、その勢力と進路ですが、大阪のご門徒の方と、何度となく交わした会話がありました。

「大阪はうまいこと台風が避けてくれますね」

「おっきな台風が来ても、上手に大阪をよけて通ってくれますね」

あぁそうですね、と当たり前のように返事の相づちを返していましたが、ふと先日このことを思い返して愕然としたことがあります。

「大阪を避けてくれてよかった」とは、大阪の東西南北のいずれかの地域・地方では、台風の被害に遭っているということです。

台風が温帯低気圧に変わって、どこにも大きな被害が出なければ、「よかったよかった」と喜ぶことができますが、私が住む○○を避けてくれてよかった、ということは、私の居住地以外でどのような被害が出ようと、それは私には無関係であるとの意見になってしまわないでしょうか。私さえよければ、という自己中心の考え、自分優先の意識は、よほど根深いものなのでしょう。この自己中心の考え、自分優先の意識が煩悩なのです。

「煩悩を断ぜずして涅槃を得るなり」について、続けて話をしたいと思います。

煩悩は断ち切ることができる？

大晦日になると、除夜の鐘の音が全国各地で聞こえます。年末・年越しの大切な風物詩ですね。一般には、百八の鐘の音が、一年間の煩悩を除去するためといわれます。

仏教に親しむ私たちは、煩悩を断ち切りたい、煩悩を少しずつでも減らしていきたいと思っています。けれども、その煩悩を断ち切ることはできるでしょうか。少しずつでも減らしていきたいけれども、それも簡単なことではありませんね。

煩悩を除去するために除夜の鐘をつきに向かったのに、寒い中で待たされて、イライラとしながら鐘をついたのでは何にもなりませんね。また、つく順番をめぐって、だれかと口論になるのでは、何のために除夜の鐘をつきに行くのかわかりませんね。

そもそも、私が一年三百六十五日の間に抱いた煩悩は百八でしょうか。そうではなさそうです。三日に一つの煩悩では少な過ぎますね。

また、「年を重ねると、少しずつ角が取れて丸くなる」といわれます。なるほど人生の荒波をくぐり抜けた人は、さまざまな経験を通して、大きな人間になるというのでしょう。瀕死の病から復帰することのできた先輩からは、大概のことは小さな困難にしか思わなくなった、と聞いたことがあります。

電車やバスに乗っていると、多くの方がいろいろな表情をしておられます。穏やかな表情の方や険しい表情の方、さまざまです。眉間にしわを寄せた人を見ると、気むずかしい人だなと思うこともありますが、少し見方を変えれば、数々の苦労をしてこられた方なのかな、多くの苦難を乗りこえてこられた方なのかな、と思うこともできます。

けれども、私の身近にいる年配者となると話は違います。

年を重ねたら人間丸くなるはずなのに、どんどん頑固に、偏屈になってきてるなと感じることがあります。けれどもそれは、私の思うようにならない場面が増えると、相手を「頑固だ、偏屈だ」と思ってしまっているのかもしれません。さかさまに見てみると、私の思うようにしたい、私の思うようになるはずだ、という思い込みがあるから、相手を「頑固だ、偏屈だ」と思ってしまっているのですね。

この私の思い込みは、なかなか消えそうにありません。煩悩を断ち切ることは簡単ではありませんね。

このような根深い煩悩を持つ私たち衆生に対して、阿弥陀仏が摂取不捨《せっしゅふしゃ》の願いをかけてくださっているのです。

断ということ

正信偈の「不断煩悩得涅槃《ふだんぼんのうとくねはん》」は、もとは、中国の曇鸞大師の『往生論註』にあることはすでに紹介しましたが、『往生論註』のある解説書によれば、「断」について、次のように記されていました。

「断」の字を見ると、断ち切ってなくしてしまう、なくなるという意味を連想します。けれども、煩悩を断ち切ってなくしてしまうことではなく、煩悩が煩悩みずからの働きを停止するという理解もできるそうです。

「不断煩悩」とは、煩悩をすべて断除してしまうことではなく、煩悩があっても、煩悩として働かなくなったところを「断」と表現しているのであり、実際は「超える」という意味に理解することができるようです。

悪の業が因となり、悪の結果を招くという悪因悪果という考えがあります。この考え方によれば、煩悩は悪の業ですから、煩悩から離れることができない私たちは、迷い続けるという悪の結果から逃れることはできないはずです。けれども、その悪業が悪果を招くというつながりを断ち切り、悪因悪果という考えを超える道が示されていると考えることができるでしょう。

繰り返しますが、煩悩という悪業は、仏教徒であれば、断ち切るべきものです。その悪業・煩悩を断ち切ることができない私は、やはり、恥ずかしい私です。

けれども、私の悪の因果（悪因悪果）を超える阿弥陀仏の本願のはたらきによって涅槃を得ることができるのです。これが「不断煩悩得涅槃」です。阿弥陀仏の摂取不捨の本願のこころを聞信することができれば、私の煩悩を断ち切る必要がないと受けとめていくことができるのでしょう。

信心の利益（2）

凡《ぼん》聖《じょう》逆《ぎゃく》謗《ほう》斉《さい》回《え》入《にゅう》　如《にょ》衆《しゅ》水《しい》入《にゅう》海《かい》一《いち》味《み》

【書き下し】

凡聖《ぼんしょう》・逆謗《ぎゃくほう》斉《ひと》しく回入《えにゅう》すれば、衆水《しゅすい》海《うみ》に入《い》りて一味《いちみ》なるがごとし。

（『註釈版聖典』二〇三頁）


【現代語訳】

凡夫も聖者も、五逆のものも謗法のものも、みな本願海に入れば、どの川の水も海に入ると一つの味になるように、等しく救われる。

（『教行信証（現代語版）』一四五頁）

一、川の水は海に注いで

あれっ？　お座布団がない！

月参りに寄せていただいた時のことです。いつも通り玄関で挨拶を交わして、仏間にあがらせていただきました。「あれっ？　お座布団がない！」。いつもはお仏壇の前に座布団を敷いてくださっているのですが、今日はありません。当時、住職であった父が寄せていただく時には、膝のけがをして以来、正座をすることができなくなっているので、椅子をご用意していただいたり、携帯用の折り畳み椅子を持参しますが、こちらのお宅は、仏間が三階にあるので、長い間、父もお参りに寄せていただいておりません。

珍しく忘れておられるんだなぁと思いながら、ろうそくにお光を灯し、お線香の用意をしていると、後ろから、「若さん、ちょっと立ってください」と声をかけられました。振り向くと、座布団を持って立っておられるので、「あっ、やっぱり忘れておられたんやな」と思いながら、敷いていただいた座布団の上に座ると、何と温かな座布団でした。そうです！　こたつの中で温めておいてくださったんです。お礼を申そうともう一度振り向くと、にっこりとほほ笑んでくださいました。恥ずかしく思いながら、お勤めをさせていただきました。

高校一年生の十五歳の夏にお得度を受けた時や、お内陣に出勤する時には座布団などなく、畳の上に直に座ります。いつしか、座布団が敷いてあるのが当たり前と思い込んでいる自分がいました。恥ずかしいことですね。

寒い時期なので、私が少しでも温かくお勤めができるようにという、ご門徒の温かな思いがありました。けれども、「座布団を敷き忘れている」と、ご門徒を責めるような思いを抱いた自分がいました。情けないことですね。

平等一味の益

「能《のう》発《ほつ》一《いち》念《ねん》喜《き》愛《あい》心《しん》」から「是《ぜ》人《にん》名《みょう》分《ふん》陀《だ》利《り》華《け》」までの十六句において、「信心の利益」が五種にわたって明かされます。先ほどの「不断煩悩得涅槃」は、「不断得証《ふだんとくしょう》の益」といわれる一つ目の利益でした。私たちは自己中心の考え方をし、自分優先の煩悩をもっています。この煩悩を断ち切るべきですが、なかなか断ち切ることはできません。煩悩は、自分では想像もできないほどに根深いものだと言わなければなりません。けれども、その煩悩を断ち切らないまま、必ず間違いなく、お浄土に往生させていただき、仏さまにならせていただくことが決定するのが、不断得証の益です。

「凡聖逆謗斉回入《ぼんじょうぎゃくほうさいえにゅう》　如衆水入海一味《にょしゅしいにゅうかいいちみ》」では、「平等一味《びょうどういちみ》の益」という二つ目の利益が明かされています。平等一味の益とは、どのような人であっても、すべての人が平等に、一つの信心につつまれるということです。

まず、言葉の意味を簡単にお話ししておきましょう。五逆とは、五種類の重い罪のことです。『浄土真宗辞典』に次のような説明があります。

①殺父《せっぷ》　父を殺すこと。

②殺母《せつも》　母を殺すこと。
③殺阿羅漢《せつあらかん》　阿羅漢を殺すこと。
④出仏身血《しゅつぶっしんけつ》　仏の身体を傷つけて出血させること。
⑤破和合僧《はわごうそう》　教団の和合一致を破壊し、分裂させること。

阿羅漢とは、人から尊敬されるべき人、拝まれるべき人ということです。つまり、両親や尊い人・聖者を殺したり、仏さまを傷つけたり、教団の和を乱すようなことが五逆であるといわれます。

また謗法《ほうぼう》とは、誹謗正法《ひほうしょうぼう》を略した言い方で、仏さまの教えをそしり、正しい真理をないがしろにすることだと説明されます。なるほど、五逆の罪も謗法の罪も、非常に重い罪ですね。

自分のこととして

大阪には淀川という大きな川が流れています。私が子どもの頃には、魚も見えないほどの川でしたが、最近では、川に渡る橋の上から釣り糸を垂らしている方を見かけます。子どもの頃よりは随分ときれいな川になったようですが、年輩のご門徒にうかがうと、昔は釣りはもちろん、泳ぐこともできたそうです。ですから「きれいになった」というよりも、「昔のきれいな川に戻りつつある」と言った方がよいのかもしれません。

川にはそれぞれの名前が付いており、淀川も、上流の方では、宇治川、木津川、桂川などともつながっています。現在は環境問題にも大きな関心が向けられますので、それぞれの川の水質が調査され、大切に管理がなされています。全国にも多くの川が流れています。澄んだきれいな川もあれば、濁りの多い川もあります。サラサラと心地よい音で流れる川もあれば、ごうごうと激しい流れの川もあり、流れているのかわかりづらい川もあります。桜や紅葉を浮かべながら流れる川岸では、その流れにうっとりと心を奪われる時がありますが、橋を渡る時にツンと鼻をつく臭いのする川もあります。

さまざまな川がありますが、その川が海に至れば何の区別もなくなります。太平洋に入った後、ここは淀川の水が流れています、向こうは紀ノ川の水が、あちらは利根川の水です、ということはありませんね。無数の川（衆水）から海に流れ込みますが、海に入れば同じ一つの塩味になるのです。このことを、「衆水海に入りて一味なる」とうたわれるのです。

同じように、凡夫も聖者も、五逆のものも謗法のものも、みな等しく、阿弥陀仏の浄土に往生させていただき、仏さまとならせていただくのです。自分を凡夫と思っている人も、聖者だと思っている人も、何の区別もせずにつつみこみたいと願われる阿弥陀仏のこころが本願海と讃えられます。

では私たちは、自分をどちらの側に置いているでしょうか。凡夫の側でしょうか、聖者の側でしょうか。また、五逆の罪や、誹謗正法の罪をどのように見ているでしょうか。

人を殺すなんてとんでもない、仏さまの教えを謗《そし》るなんてけしからんことだ、と思います。けれども、とんでもない思い、けしからん思いを抱いているのは、もしかすると私のことなのかもしれません。

はじめにお座布団をめぐる私の最近の経験を記しました。温かなご門徒の思いやり、おもてなしの心をふいにするような私の心は、「重い罪」と言わなければならないように思います。

五逆の罪や、謗法の罪を、自分の周りの人のことと見ていくのではなく、自分のこととして見ていく眼差しが問われているように思います。

五逆と謗法は除かれる？

この五逆罪や誹謗正法について、阿弥陀仏の第十八願には次のように誓われています。第十八願は至心信楽の願ですから、正信偈にも「本願《ほんがん》名号《みょうごう》正定業《しょうじょうごう》　至心《ししん》信楽《しんぎょう》願《がん》為《に》因《いん》」とうたわれている願ですね。第十八願では、すべての人を等しく浄土に往生させたいと誓われますが、その最後には「ただ五逆と誹謗正法を除く」と誓われています。

二、罪を重ねているのが私

用意した？

ご門徒宅に寄せていただき、お勤めを始めた時です。後ろから「お布施は用意した？」「お茶の用意は大丈夫？」と、お母さんが息子さん夫婦に尋ねる声でした。息子さん夫婦といっても五十代後半で、お母さんは七十代後半です。その声は、二十分ほどのお勤めの間に何度も聞こえました。

最初は優しく「用意してますよ」「大丈夫ですよ」と応えていたお二人も、何度も重なると少し口調が荒くなり、叱るような言い方になる時がありました。しまいには、怒って仏間から出ていかれました。しばらくたって、お茶を持って戻ってこられました。

お母さんは、目の前に用意されたお茶を見て安心されたみたいで、その後は一言もおっしゃいませんでした。

振り向いてお茶をいただいてる時、お話をうかがいますと、お母さんは耳が急に遠くなり、認知症が進み、同じことを何度も何度も聞いたり、話したりするようになられたとのことです。最近は、連れ合いが亡くなられたことも忘れることがあるそうです。夜中に「まだお父さんが帰ってこない。事故に遭ったかもしれない。事件に巻き込まれたかもしれないから、警察に電話して」と言いながら急に起こされることも度々だとか。

そんな時には、仏間の遺影を見て納得する時と、お仏壇の過去帳を見て納得する場合とあるそうです。過去帳を枕元に置いて床に就くと、安心して眠れるようで、そのために過去帳が傷んでしまい、また書いていただけますか？　とおっしゃった後、ぽつりと寂しそうに、申し訳なさそうにつぶやかれました。

「私もあんなふうになるんかなぁ」「私を産んでくれた母やから大事にしないといけないのはわかるんやけどなぁ」「毎日、毎日、同じことを繰り返されると、つい声を荒げてしまうんですわ」

五逆・謗法はだれの罪？

五逆の罪や謗法の罪について話し始めました。五逆とは、両親や聖者を殺したり、仏さまを傷つけたり、教団の和を乱すことでした。また謗法とは、仏さまの教えをそしり、正しい真理をないがしろにすることでした。「仏教に親しむ私たちは、このような五逆や謗法とは無縁な私たちです」と、自信を持って断言したいところですが、はたしてそうでしょうか。

ある先生の書物を読んでいると、次のような説明がありました。「落語家殺すにゃ刃物はいらぬ、あくびの一つもあればいい」という言葉を紹介しつつ、「親に背き、反発しているときは親を親と思っていないときですから、親を殺したも同然」と書かれていました。なるほど、そうですね。笑いを求めて足を運んできているお客さんに向かって、噺家さんが面白い話をするのですが、目の前に座っている前列のお客さんが、腕を組んでクスリとも笑わず、あくびをすれば、噺家さんは生きた心地がしないでしょうね。

これを読んだ私は、「あぁ、大学で講義をしている私も同じかなぁ」と思いました。

勉強をするために大学に来ている学生に向かって、私が一生懸命に講義をするのですが、退屈そうにあくびをしたり、机に突っ伏して寝ている学生を見ると、「あぁ、彼らは毎回、先生殺しをしているなぁ」と思ってしまったことがあります。

けれども、その思いがよくないですね。学生たちの大切な時間に、居眠りをするような退屈な話をしてしまっている私がいるのかもしれません。いつの間にか、大学生の倍以上の年齢になり、自分の学生時分のことを忘れ、学生の興味の持てる講義をせずに、学生の大切な時間を無駄にしてしまっているのかもしれません。私が被害者のような想いをもっている、そのことの方が問題だといえるでしょう。

私は救いから除かれる？

卒業生から相談を受けたことがあります。

京都で一人暮らしをしていた学生が、卒業後、実家に戻りました。一人暮らしをしている時は、起きる時間、寝る時間、食事の時間、すべて自分の思いのままです。朝遅くまで寝ていてもだれに文句を言われることもありません。夜中まで起きていても、だれに叱られることもありません。自分の時間を自分の思うように過ごし、それが当たり前になっていました。

ところが、実家に戻るとそうはいきません。朝遅くまで寝ていたり、帰宅が遅くなったり、夜更かしをしたりすると、両親に叱られるそうです。高校生の頃と同じ生活スタイルに戻っただけのことですが、一度気ままな生活を知ると、親の監視の目が、窮屈に感じられたそうです。それだけならまだいいのですが、「うるさく言う親なんていなければよいのに……」と思ったことがあり、自分で自分が怖くなった、という相談でした。

朝寝坊や夜更かしをしたい時もあるかもしれません。友達と楽しい時間を過ごすうちに、あっという間に時間が経ち、帰宅が遅くなることもあるのでしょう。

親御さんは、単純に、朝寝坊や夜更かしを叱っているのでしょうか。近所の目を気にして、深夜の帰宅をとがめているのでしょうか。おそらくそうではありませんね。若くて健康に自信のある人でも、不規則な生活習慣や、睡眠不足の生活が続くと、体調にも影響があるでしょう。子どもの健康を心配して、子どもを叱る言葉になるのでしょう。

しかし、子どもの立場では、それがなかなか素直に聞けないのかもしれませんね。

私にも同じような経験があります。仕事先によって、電車で出かける時、車で出かける時、原付バイクで出かける時など、さまざまです。いつも必ず両親は「気を付けや」と声を掛けてくれます。事故に遭わないように、事故を起こさないようにすることは、親に言われるまでもなく、自分で心がけることです。それでも、ひと言、声を掛けたいのが親の心なのでしょう。

時間に追われ、慌ただしく出かけようとしている時に、わざわざ呼び戻されて、いつもの「気を付けや」と言われる時もあります。急いでいる時に、毎度のことを言われ、「そんなこと言われなくてもわかってる、いつもいつも同じことを……」と少しムッとした気持ちになってしまうことがありますが、親が、わが子を案じる優しい気持ちをないがしろにする、おそろしい気持ちですね。これは、親殺しに等しい思いといえるのではないでしょうか。

阿弥陀仏の第十八願に「ただ五逆と誹謗正法を除く」とありますが、親殺しという五逆の罪を犯す私は、阿弥陀仏の救いから除かれてしまうのでしょうか。また、仏さまの正しい教え（正法）をそしる（誹謗）とは、どのようなことをいうのでしょうか。阿弥陀仏のすくいは、すべての人を皆等しく、ということですが、では「除く」とはどのように受けとめることができるのでしょうか。

三、好きな人、嫌いな人

同じクラスになりたいなぁ

春は出会いと別れの季節。職場などで歓送迎会が開かれていることでしょう。三月の卒業式と四月の入学式という順序を考えれば、別れと出会いといったほうがいいかもしれませんね。

毎月のお参りに寄せていただくと、いつも玄関まで出迎えてくれるかわいらしい女の子が、その日はランドセルを背負っていました。あっ四月から小学校にあがるから、ランドセルを買ってもらったんやなぁ、とほほ笑ましく思い、よかったねぇと声を掛けると、満面の笑みを浮かべ、うん！　と大きな声でこたえてすぐに私の手を握り、お仏壇のある仏間とは違う部屋に引っ張って行きました。そこには真新しい勉強机がどぉんと置いてあり、だいぶん大きいかなぁと思う制服がきれいにハンガーに掛けてありました。もう準備万端、四月の入学式を待つばかりのようです。

お経を一緒にお勤めした後、お茶をいただきながら話をしていると、お母さんは目前の卒園式の方が気になる様子でしたが、当の本人は卒園式の話はほとんどせず、小学校のことで頭がいっぱいのようです。毎日、制服を着てみたり、ランドセルを背負ってみたり、机に向かって腰掛けたりして、勉強のまねごとをしているそうです。学校が始まるまでにランドセルに傷が付いたり、制服を汚したりしないか、お母さんはいろいろと心配がたえない様子です。

小学校では、いくつかのクラスに分かれるとのことです。私が何気なく、お友だちと一緒のクラスになれたらいいねと口にすると、女の子が、一緒のクラスになりたい友だちの名前を十人ほどあげてくれました。仲の良い友だちなのでしょう。逆に、一緒のクラスになりたくない子の名前も教えてくれました。

愛別離苦・怨憎会苦

幼い子どもでも、一緒に遊びたい友だち・仲間と、そうでない相手がいるのですね。大人になると特にそうかもしれません。職場や近所のサークルに、会いたい仲間ばかりがいるわけではないでしょう。会いたくない仲間もいるのではないでしょうか。会いたい仲間とはずっと一緒にいたいと思います。けれども、そんなわけにはいきませんね。また、会いたくない相手と会わずにすましたい時もあります。けれども、そんなわけにはいきませんね。

このような思いを、愛別離苦《あいべつりく》・怨憎会苦《おんぞうえく》といいます。この思いは、人間の自然な感情のようにも思います。けれども、自然な感情であるからこそ、おそろしいということもできるでしょう。ややもすれば、会いたい仲間は善い人間で私の味方、会いたくない相手は悪い人間で私の敵と思ってしまうことがあります。

私と気が合わないからといって、その人が悪い人間かというと、そうではありませんね。私にとっては都合の悪い人というだけでしょう。

私の欠点を指摘する言葉は、私に心地よいものではありません。でも、私の欠点を厳しく指摘してくれる方は、私のためを思って、親身になって指摘してくれるのでしょう。逆に、私をおだてて甘やかす言葉は、心地よく聞こえるものです。私に優しく接してくれる人は、私にとって善い人のように感じられます。しかし、私に都合のよい人というだけで、必ずしもその人が善い人であるとは限りません。うわべだけを美しく飾った言葉を綺語といいますが、綺語は十悪の一つに数えられるものです。

愛する人、憎らしい人。好きな人、嫌いな人。善い人、悪い人。私の周りにいる人を、このように区別していますが、この判断基準は「私」です。もし私の判断が間違っているとすれば、私にとって大切な人を、遠ざけてしまうことになりますね。また、私にとって好ましくない人が、私のそばにいるのかもしれませんね。

日頃、自分が間違った判断をしていると考えることはあまりありません。私は正しく判断をし、正しく生きていると思い、私は間違った判断をして罪を重ねている、とは考えませんね。

阿弥陀仏の本願の第十八願にある「ただ除く」（唯除五逆誹謗正法）は、このような私たちに、本当の私のすがたを教えてくれているのだとうかがえます。

罪をおしとどめる

中国の善導大師は、「ただ除く」について、二通りの解釈を示してくださっています。

両親や聖者を殺すなどの五逆の罪を犯してはいけませんし、正しい仏さまの教えを謗ってもいけません。もしこのような罪を犯す者は、阿弥陀仏の救いから除かれると示すことによって、これらの重い罪を抑え止めようとされている、というのが一つ目の解釈です。阿弥陀仏は、救いから除くほどの重罪であることを示し、重罪をつくらないように教え諭されるのです。

けれども、もしこのような重罪をつくってしまうと、救いから除かれるのでしょうか。そうではありませんね。阿弥陀仏はこの者をお捨てにならずに救い取ろうとしてくださる、というのが二つ目の解釈です。

親鸞聖人は、「ただ除く」について、『尊号真像銘文』に、「『唯除《ゆいじょ》』といふはただ除《のぞ》くといふことばなり。五逆《ごぎゃく》のつみびとをきらひ誹謗《ひほう》のおもきとがをしらせんとなり。このふたつの罪《つみ》のおもきことをしめして、十方一切《じっぽういっさい》の衆生《しゅじょう》みなもれず往生《おうじょう》すべしとしらせんとなり」(『註釈版聖典』六四四頁)と示されます。

この阿弥陀さまのお誓い、親鸞聖人のお言葉をどのように受けとめていくべきでしょうか。

五逆や誹謗正法は、重罪であり、今の私は、この重罪をまだつくっていないでしょうか。まだ重罪を犯していないけれども、もしこれから重罪を犯したとしても、阿弥陀さまは私を見捨てられることはないと、考えるのでしょうか。

そうではありませんね。まだ罪をつくっていないけれども、「もし罪をつくったら」というような、悠長な構えではないでしょう。今の私がすでに、重い罪を重ね続けている私であると受けとめていかなければなりません。

先に話したように、寒い中を原付バイクで走ってきた私に、あたたかな座布団を用意してくれたご門徒の思いやりの心を無にするようなおそろしい心の持ち主が私です。大切にすべき親に対して、おそろしい感情を抱いてしまう醜い心の持ち主です。

会いたくないほど怨みをもつということは、その存在を無きものにしたいというおそろしい思いということもできます。

私の判断に間違いがあるはずがない、私が正しいと思いながら生きていますが、私ほど不確かな存在はありませんね。

阿弥陀さまは、このような自分本位の私たちをご覧になって、自分本位であることに気付くことすらできない私たちに、自分本位で自分勝手なお前であるぞ、と教えておられるのだと思います。

「凡聖逆謗斉回入《ぼんじょうぎゃくほうさいえにゅう》　如衆水入海一味《にょしゅしいにゅうかいいちみ》」のご文は、「平等一味の益」が明かされています。すでに罪をつくっている私、自分本位な私が、そうではない方と同じように、平等に、一つの信心につつまれるということなのです。

四、阿弥陀さまの前の「平等」

おりんちゃん

全国に多くのゆるキャラがいますね。本願寺の門前町にもゆるキャラがいることをご存じの方も多いと思います。浄土真宗本願寺派総合研究所のホームページには、おりんちゃんのイメージソング「門前町のおりんちゃん」が紹介されています。別のホームページによれば、おりんちゃんの生年月日は平成二十三年四月九日ですから、親鸞聖人七百五十回大遠忌法要の初日に当たります。また、身長一八〇センチ、ウエスト二七〇センチと紹介されています。もちろん、日課は「お勤め」だそうです。

あるご門徒の月参りの時に感じたことです。いつものようにろうそくにあかりを灯し、経本をいただき、おりんを鳴らそうとすると、りん棒がありません。きょろきょろ探していると、後ろから、「あっ、すみません。日曜日に孫が来て、おりんを鳴らして遊ぶので、しまったままでした」と言って、引き出しにあることを教えていただきました。以前にご法事で会った時には、まだ乳飲み子だったお孫さんが、もう一人で鳴らして遊ぶようになったんやなぁと、ほほ笑ましく思い、お勤めを始めました。

けれども、ふと、「今日は土曜日なのになぁ。先週の日曜日から今日まで、おりんを使っていないのかなぁ」と思い、もやもやとした思いでお勤めをいたしました。

大信海

以前、海について次のようなお話をしました。

海は、私たち人間の想像を絶するほど、広く大きく深いものです。私たち凡夫の煩悩が果てしなく大きいと同時に、果てしない煩悩にまみれた私たちを、そのままつつみこむ阿弥陀仏のはたらきも、果てしなく大きいのです。私たち凡夫の煩悩も海と表され、阿弥陀仏のはたらきも海と表されます。

しばらく「平等一味の益」の話を続けていますが、冒頭の現代語訳には「本願海」と示されています。本願海に類する語に、大信海があります。親鸞聖人の『教行信証』では、大信海について次のように記されています。

おほよそ大信海《だいしんかい》を案《あん》ずれば、貴賤緇素《きせんしそ》を簡《えら》ばず、男女老少《なんにょろうしょう》をいはず、造罪《ぞうざい》の多少《たしょう》を問《と》はず、修行《しゅぎょう》の久近《くごん》を論《ろん》ぜず

（『註釈版聖典』二四五頁）

阿弥陀仏のはたらきは、身分の違いや出家・在家の違いを区別しないというのです。また、年齢の高い低いということや、男性・女性という分け隔てもなく、阿弥陀仏はみ

なに等しくはたらくというのです。さらに、犯した罪の多い少ないということや、修行期間の長い短いということも、まったく問わずに、みなを等しくというのです。阿弥陀仏の平等の救いを明かす親鸞聖人のご自釈ということができます。

では、この親鸞聖人のご自釈のご文を読んで、読者の皆さんはどのように感じるでしょうか。私たちは、このご文をどう受けとめていくことができるでしょうか。

親鸞聖人はもちろん、阿弥陀仏のご本願を信知《しんち》・聞知《もんち》・聞信《もんしん》しておられますし、親鸞聖人と同じようにご本願を受けとめることのできる信心の行者は、このご文に触れて、ありがたいご本願であるとうなずいていかれることでしょう。

けれども、このご文に接し、心がざわつく立場もあるでしょう。

たとえば、何十年と修行を積んできた修行者と、修行を始めて日の浅い人がいるとしましょう。両者が「修行の久近を論ぜず」の語を聞いてどのように思うでしょうか。修行を始めて日の浅い人は、私のようなまだ浅学非才《せんがくひさい》の身が、平等に救われる教えを心から喜ぶこととなるでしょう。一方、長年修行を積んできた修行者は、全く逆の思いを抱くのではないかと想像します。

私は一生懸命に修行に精進するために、他の人が楽しむようなことのほとんどを犠牲にしてきた。長年修行に励んできた私と、まだ修行を始めて日の浅い者が、同じように救われるのでは、割に合わない、そのような教えは理解できない、そんな不条理なことはあってはならないと不快感をあらわにするのではないでしょうか。

試験の点数

同じようなことが、大学生にも当てはまるのではないかと思います。デリケートな話題ですから、不謹慎かも知れませんが、一つの譬えとして考えてみましょう。

私の講義は、半年間や一年間が一つの区切りです。半年間・一年間の講義が終われば、その評価のために、レポートや試験があります。試験前の最後の講義の時に、もし私が「皆さん、半年間（一年間）よく頑張りました。頑張った皆さんに、ご褒美として、全員に八十点をあげますね」と話したとすれば、学生はどのような反応をするでしょうか。

私はそんなに良い点数をもらえるほど頑張っていないから、七十点でいいですと申し出る学生はほとんどいないでしょう。ほとんどの学生は、次の二つの反応に分かれるのではないでしょうか。

一つは、「わぁ、うれしい！　先生、優しい！」という反応です。この反応をする学生は、自分は本当は八十点の評価に達していないことを知っているから、八十点の評価を喜ぶこととなるのでしょう。

もう一つの反応は、「どうしてですか？　私は真面目に授業に出席していましたよ！　あの人たちは、何回か休んでいたし、出席しても教科書を忘れたり、友達とおしゃべりをしたり、居眠りをしていたのに、どうして、私とあの人たちと同じ点数なのですか？」という反応です。なるほど、わかりやすいもっともな理屈ですし、その心情も想像がつきます。正当に評価してほしいと訴えてくるかもしれませんね。

等しくということ

阿弥陀仏は、すべての衆生に対して、平等にはたらき、平等に救うと語られます。

この言葉に触れ、「ありがたい言葉ですね、あたたかい教えですね」と受けとめられる人は、自身を偉い側には置いていないのですね。自身を偉い側に置くと、偉くない人を見て、その人を値踏みし、裁く思いが生じてくるでしょう。自分を正しい側に置こうとすると、誰かを責める心が生じてきてしまいます。冒頭に記した私の思いがまさにそうでしょう。阿弥陀さまの前でお勤めをしながら、りん棒ひとつで、ご門徒の日頃のお念仏の生活を想像してしまった恥ずかしい私の心があらわになります。

なぜ阿弥陀さまは、すべての人を平等に、等しく救うと願われるのでしょうか。

阿弥陀さまは、清く正しく振る舞っているものに対するご褒美として、救うとおっしゃっているわけではありませんね。清く正しく振る舞うことのできない煩悩の私たちだからこそ、救わずにはおれないのが、阿弥陀さまのあたたかなお心です。

等しく平等にという阿弥陀仏のはたらきは、ややもすると、甘い教えであると受け取られることがあります。けれども、親鸞聖人が明らかにしてくださった教えは、煩悩ずくめの私たちの正体を示そうとする教えですから、決して甘い教えではありませんね。

信心の利益（3）

摂《せっ》取《しゅ》心《しん》光《こう》常《じょう》照《しょう》護《ご》　已《い》能《のう》雖《すい》破《は》無《む》明《みょう》闇《あん》
貪《とん》愛《ない》瞋《しん》憎《ぞう》之《し》雲《うん》霧《む》　常《じょう》覆《ふ》真《しん》実《じつ》信《しん》心《じん》天《てん》
譬《ひ》如《にょ》日《にっ》光《こう》覆《ふ》雲《うん》霧《む》　雲《うん》霧《む》之《し》下《げ》明《みょう》無《む》闇《あん》

【書き下し】

摂取《せっしゅ》の心光《しんこう》、つねに照護《しょうご》したまふ。
すでによく無明《むみょう》の闇《あん》を破《は》すといへども、
貪愛《とんない》・瞋憎《しんぞう》の雲霧《うんむ》、つねに真実信心《しんじつしんじん》の天《てん》に覆《おお》へり。
たとへば日光《にっこう》の雲霧《うんむ》に覆《おお》はるれども、雲霧《うんむ》の下《した》あきらかにして闇《やみ》なきがごとし。

（『註釈版聖典』二〇四頁）

【現代語訳】
阿弥陀仏の光明はいつも衆生を摂め取ってお護りくださる。すでに無明の闇ははれても、貪りや怒りの雲や霧は、いつもまことの信心の空をおおっている。しかし、たとえば日光が雲や霧にさえぎられても、その下は明るくて闇がないのと同じである。

（『教行信証（現代語版）』一四五頁）

一、あのひとは、つねに

新聞の切り抜き

六十代の女性のお宅にお参りに寄せていただきました。

つい先日、遠く離れた九州にお住まいの息子さんから電話があったそうです。以前にも、私がちょうどお参りしている最中に電話があったのですが、私のお勤めの声を電話越しに聞こうとされる息子さんなのです。その方には小学生の息子さんがいて、夏休みに大阪に来た時、お仏壇のおりんを鳴らして遊んでいたそうです。そして九州に戻ってからも時々、電話をかけてきて、電話越しに「おりんを鳴らして！」とせがむのだそうです。さすが親子、似たようなことを考えるものですね。息子さんから電話があったことをうれしそうに話される笑顔が印象的でした。

息子さんからの電話の内容をうかがうと、息子さんは小学校の時に少年野球をしていたのですが、その所属していたチームが地区優勝をした時に、地元の新聞に掲載されたそうです。エースで四番だったので、写真も掲載されたのですが、その時の新聞がまだあるかどうかを問い合わせる電話だったそうです。

その理由を尋ねると、お孫さんも少年野球チームに所属して、一生懸命に練習をしているそうですが、自分の父親が子どもの頃に載った新聞記事を見たいと言っているとのことです。

「記事はあるんですか？」と私が尋ねると、「もちろん、わが子の晴れ姿ですから、新聞の切り抜きは大事に押し入れに置いてありますよ。でも、押し入れを全部ひっくり返さないといけないから大変です」と口ではおっしゃりながら、うれしそうな様子でした。

結婚して独立した息子さんは自分で生計を立てていますが、幼い頃の通知簿や写真などは、親が管理をしているのですね。子どもの時には野球をすることに一生懸命で、地区優勝できたことに満足し、その勇姿が新聞に載ったということには、自分ではそれほど関心を抱かなかったのかもしれません。自分の勇姿を親が大事に切り残していることに気付かないこともあるでしょう。

けれども、その後、お母さんが、大切に新聞を切り抜いて保管してくれていることを知り、自分の息子が野球をする姿を見て、自身の子どもの頃のことを思い出したのでしょう。そして、親の温かなこころに触れたのでしょう。

心光摂護の益

「能発一念《のうほついちねん》喜《き》愛心《あいしん》」から「是《ぜ》人《にん》名《みょう》分陀利華《ふんだりけ》」までの十六句において、「信心の利益」が明かされています。その内容から、五つの益に分けて話をしています。

一つ目が「不断得証の益」といわれる利益です。二つ目が「平等一味の益」です。ここから三つ目の「心光摂護《しんこうしょうご》の益」についてお話をしましょう。正信偈では、「摂取心光《せっしゅしんこう》常照護《じょうしょうご》　已能雖破無明闇《いのうすいはむみょうあん》　貪愛瞋憎之雲霧《とんないしんぞうしうんむ》　常覆真実信心天《じょうふしんじつしんじんてん》　譬如日光覆雲霧《ひにょにっこうふうんむ》　雲霧《うんむ》之下明無闇《しげみょうむあん》」という六つの句です。

摂取

摂取とは、たとえばカロリーを摂取すると使われるように、「取り入れる」「うけいれる」ということです。

親鸞聖人のご和讃に、

十方微塵世界《じっぽうみじんせかい》の
念仏《ねんぶつ》の衆生《しゅじょう》をみそなはし

摂取《せっしゅ》してすてざれば
阿弥陀《あみだ》となづけたてまつる
（『註釈版聖典』五七一頁）

という一首があります。ご和讃に限らず、さまざまな語の読みや意味・内容について、聖人は丁寧な説明を施されることがあります。言葉の左に施される場合は「左訓」、右に施される場合は「右訓」と呼ばれます。このご和讃の「摂取」の語には、「ひとたびとりて永く捨てぬ」「ものの逃ぐるを追はへとる」という左訓が施されています。

阿弥陀さまは、ご自身の方に向かって近寄ろうとする者だけを受けとめるのではありません。阿弥陀さまから逃げようとしている者を追いかけてつかまえようとしてくださるのです。先にお話をしていた「逆謗」の語の意味するところと重ねて受けとめることができそうですね。

さらに、阿弥陀さまは、逃げようとする者を一度受けとめると、二度と離さないということです。私は、「摂取したカロリーをどのように消費しようか。消費する効率が悪くなれば、摂取するカロリーも制限しなければならない」などと、日々、悩まされていますが、阿弥陀さまの摂取のお心は、一度受けとめると、二度と離さないというのです。

常ということ

親鸞聖人は、私たちが驚くほどに、言葉の表現や文字について、細かな配慮をしておられます。その一つに、「常」という漢字があります。私たちが「つねに」という語を使う場合、大きく次の二種類の使い方をしているのではないでしょうか。

一つは、「あの人はつねに人の悪口を言っている」「あの人はつねに本を読んでいる」と使う場合です。もう一つは、「私たちはつねに呼吸をしています」「私たちの心臓はつねに動いています」と使う場合です。

後者は命ある限り、途切れることなく、絶えずということです。前者は、他の人と比べてその頻度が高い場合に使いますが、四六時中ずっと途切れることなくということではありませんね。親鸞聖人のお書物をうかがうと、前者には「恒」の字が、後者には

「常」の字が用いられているようです。もちろん、例外はありますが、阿弥陀さまの摂取のお心が「常」であると示されることは、阿弥陀さまのあたたかいお心が、途切れることなく、私をつつんでくださっていることを表すものでしょう。

子どもの頃には、親のこころを思うことすらなかったでしょう。しかし、子どもも結婚して親となれば、親が私にかけてくれていた思いに気付くのですね。遠く離れて住んでいる親子が、電話を通してこころの通い合う、温かなひとときでした。

「これを機に、息子に渡しておいた方がいいものは、整理しておきましょうかね」と言うおかあさんの優しい思いやりのこころに触れ、お宅を後にしたことでした。

二、やっぱり自分が一番かわいい

ろうそくの長さ

ご門徒のお宅で、お勤めを終えて、お茶をいただきながら話をしていると、言いにくそうに、けれども、意を決して話そうというような面持ちで、切り出されました。

仏職(当時)である父がお勤めを終えると、ろうそくが最後までなくなるのに、私がお勤めを終えても、まだろうそくが残っているというのです。はっきりと言えば、私のお勤めが速いという不満なのです。

「お父さんはだいたい何分何秒かかるけど、若さんは何分何秒くらいしか」とまで言われ、いい気分がしませんでした。

なるほど、お寺で父が導師・調声を勤めると、「ゆっくりだなぁ」と思うことがありましたから、ご門徒さんのおっしゃることも、もっともなことです。けれども、言われた時には、苦情を言われたように感じてしまい、いろんな言い訳が頭をよぎりました。

毎月のお勤めも、月によって異なる場合もあります。阿弥陀経の時もあれば、正信偈の時もあり、お盆の頃には讃仏偈や重誓偈の場合もあります。お勤めの最初に三奉請《さんぶじょう》をとなえる場合もあります。お勤めに要する時間に、おおよその目安はあるのでしょうが、日によって喉の調子も異なります。こんなことではいけないと思いますが、声を出しやすい時と、声を出しづらい時がありますから、お勤めに要する時間も異なってしまいます。

また、私は人一倍汗をかいてしまうので、その様子を見て、扇風機をまわしたり、クーラーをつけたりして、涼しくしてくださいます。そのクーラーや扇風機の風がろうそくの炎を揺らすと、ろうそくの減り方もずいぶんと違うはずなのです。

次に寄せていただくお宅で時間を約束していた場合は、私の急ぐ気持ちが、知らず知らずに表れてしまっていたのかもしれません。

何カ月にもわたってわざわざ時間を計って、こんな言い方をしなくてもいいのになぁと、ご門徒を責める気持ちがあったのも事実です。

それ以来、お参りに寄せていただき、お勤めをする際に、ろうそくの残りを意識するようになってしまいました。ご門徒さんの不満が、私の頭から離れなかったからです。

恥ずかしいことですが、阿弥陀さまの前でお勤めをさせていただきながら、気持ちは阿弥陀さまの方を向いているとは言えない私でした。私の気持ちは、目の前でゆらゆらと燃えているろうそくと、私の後ろに座っているご門徒さんだけに向いていたと言えるでしょう。

煩悩の雲霧

阿弥陀さまの摂取のお心、摂取不捨の光が、私をつつみ護ってくださるということについてお話ししていました。

つつみ護るということを、正信偈のご文では、「無明《むみょう》を破る」と示されています。

無明とは、「無明煩悩われらが身にみちみちて」といわれるように、私たちの煩悩のことと理解すればいいですね。阿弥陀さまが、私たちの煩悩を破るはたらきがあるということです。これまでにも、阿弥陀さまの十二光について話しました。その中の無礙光は、私たちの煩悩がどれほどたくさん、硬く、分厚くあったとしても、それをまったくものともせず、貫き通す光、徹照する光でありました。

阿弥陀さまの光は煩悩を破るはたらきがありますが、私たちの煩悩がなくなるわけではないと示されるのが、「貪愛《とんない》・瞋憎《しんぞう》の雲霧《うんむ》、つねに真実信心《しんじつしんじん》の天《てん》に覆《おお》へり」という次の文です。

ここでは煩悩が具体的に、「貪愛・瞋憎」と明かされています。貪愛とは、貪欲と我愛の心です。我愛とは、自分を一番かわいいと思う心です。自分中心・自己中心の心ということができるでしょう。貪欲とは、自分中心の心から、自分の思い通りにしたいという心です。瞋憎とは、思い通りにしたいにもかかわらず、思い通りにならない時に、私の邪魔をするものに対する怒りや腹立ちの心です。

貪愛・瞋憎の煩悩を雲や霧にたとえて、この雲霧がつねにまことの信心の空をおおっていると示されるのです。

ふたつの「常」

先に、「つね」ということについて、「常」とは途切れることなく、ずっと続くことであるとお話をしました。ここには、「常」の字が二回使われています。

一つは、「摂取《せっしゅ》心光《しんこう》常《じょう》照護《しょうご》」です。阿弥陀さまの摂取不捨の心は、ほんのわずかな瞬間も途切れることなく、私たちを照らし護っておられるということです。これはあたたかいお言葉です。安心できるお言葉ですね。

もう一つは、「貪愛《とんない》瞋憎《しんぞう》之《し》雲霧《うんむ》　常覆《じょうふ》真実《しんじつ》信心天《しんじんてん》」です。雲霧に喩えられる煩悩が片時も途切れずに、阿弥陀さまの真実のお心を覆い隠そうとしているということです。

これは厳しいお言葉ですね。

私たちは、これほどの厳しい見方をしているかといわれると、なかなかそうではありませんね。この本を読んでくださっている皆さんの中には、「私には煩悩はない」と思っている方はおられないと思います。煩悩があることは誰もが認めるところだと思います。けれども、片時も途切れずに、ずっと煩悩を持ち続けていると思うことができる人は、どれほどおられるでしょうか。

「煩悩を持つこともある」ということと、「片時も途切れずに煩悩がある」ということとは、大きな隔たりがありますね。親鸞聖人の「常」の語には、私たちの煩悩が瞬時も途切れないと同時に、また、瞬時も途切れないからこそ、阿弥陀さまのお心も瞬時も途切れないと示されるのですね。

ろうそくの長さについて、ご門徒とのやりとりを記しました。私がお勤め中にろうそくの長さが気になるあまり、阿弥陀さまに心を向けることが疎かになっていたことは恥ずかしいことです。さらに申し訳ないことは、何カ月もの間、ご門徒は読経の最中に、ろうそくの長さを気にしておられたことです。

阿弥陀さまの常のお心は、私たちがどのような心の状態にあったとしても、つねに、たえず、私たちを照らし、護り続けるお心なのです。

三、三つの心

一人で大丈夫？

あるお寺で大切な法要が始まる前の出来事です。法要まではまだ数時間ありましたので、ご門徒もほとんどおられず、本堂の縁にたくさん並べられてある椅子に座り、ぼんやりとお内陣の方を眺めていました。すると、そのお寺の二歳の男の子が庫裏《くり》の方から私の方を向いてとことこと歩いてきました。私との間には十脚ほどの椅子がありましたので、どうするかなぁと思いながら、私は動かずに待っていました。

男の子は、おそるおそる椅子によじのぼった後、となりの椅子に渡ろうかどうしようか躊躇している様子でした。大人から見れば、となりの椅子との間隔はほとんどないように並べられていましたが、二歳の子どもにすれば、その間隔は大きな深い溝のように見えていたのかもしれません。そこで、男の子に近づき、両脇を抱えて、自分で歩いているかのように少しだけ身体を浮かして、「ぴょぉ〜ん」と言いながら、となりの椅子に渡してあげました。

椅子と椅子との間隔はわかったかなぁ、自分一人で渡れるかなぁと思い、両脇を抱えていた手を離しました。けれども、先ほどと同じように、足を前に出そうとしつつも、となりの椅子に足をかけることができずにいました。

そこで、しばらく、「ぴょん。ぴょん。ぴょぉ〜ん」と一緒に言いながら、男の子の両脇を抱えて、縁側の端から端まで並べられている椅子を三往復ほどしました。すると、汗が一気に噴き出てきました。でも男の子は、椅子から椅子へ跳び移るのが楽しくなったようで、私は汗を拭く暇もなく、さらに三往復ほどしました。その間に、少しずつ男の子の様子が変わってきました。両脇を抱えている私の手を触りだしたのです。汗ばんでいる私の手が気になるのかなぁと思いましたが、そうではありませんでした。

「抱えてもらわなくても、もう一人で大丈夫」と言わんばかりに、私の手を振り払おうとしているのです。「ケガをしたら大変だなぁ」「でも手を離さないと機嫌を損ねて泣き出してしまわないかなぁ」などと思いましたが、まずは、手を離したふりをして、万が一のことを案じて、男の子のすぐ後ろについて、両腕の外に触れるか触れない程度に手を添えていました。

いくつかの椅子を順調に渡った後、ヒヤッとしたことがありました。椅子はすき間なく並べられていましたが、阿弥陀さまの正面だけは、間隔が広く取られていました。ご本尊の前ということもあるでしょうし、本堂への出入りや、お焼香の便を考えてのことですが、その広い間隔の所も、「一人で跳べる！　大丈夫！」と言うかのように跳びはねて渡ろうとしたのです。さすがに届くはずがありませんから、両腕の外から身体ごと抱きかかえて、事なきを得ました。

何気ない日常のひとこまでしたが、なるほどなぁと思わせていただいた出来事でした。一人では危なっかしい幼い子ども（二歳の男の子）を思う大人（私）の心が、その一つです。

次に、その大人の心を遮ろうとする子どもの心が、二つ目です。

そして、子どもが大人の心配を遮ろうとするにもかかわらず、心配しつづける大人の心が三つ目です。

この三つの心を、今回のご文を通してうかがってみたいと思います。

一つ目の「ども」

「心光摂護の益」についてお話をしていますが、ここには、「けれども」「しかし」という逆説の意味を表す「ども」という語が二回使われています。まず一つ目の「ども」について、考えてみましょう。

阿弥陀さまの心光は、常に、私たちの煩悩を破るべく、私たちを照らし護ってくださっています。「けれども」、貪りや怒りの煩悩の雲や霧は、いつもまことの信心の空をおおっているというのです。これは、阿弥陀さまが私たちを照らすけれども、その光は、私たちの煩悩を直ちに消滅する光ではないということです。

私たちは、お聴聞を重ねる中で、阿弥陀さまの心や光のお徳を学ばせていただき、聞かせていただきます。けれども、私が学び聞くことにより、私の煩悩が少しずつでも減少していくと思ったとすれば、それは不充分な聞き方と言わざるを得ませんね。

学べば学ぶほど、聞けば聞くほど、私の心の奥深くに潜み、しつこくこびりつくような煩悩の正体に気付かされます。

もう一つの「ども」

次に二つ目の「ども」について考えてみます。

季節・天候が不順な年が続きますが、夏には入道雲が、秋にはうろこ雲やいわし雲といったように、季節感のある雲があります。夏の入道雲は、照りつける太陽の輝きとワンセットの印象もありますが、ゲリラ豪雨や瞬間豪雨と呼ばれるような豪雨の時には、昼間でも空が暗くなって、不安感も一気に高まりますね。

分厚い雲・霧がある時とない時とでは、明るさは異なります。明るさは異なりますが、夜の闇とは異なります。また、このように言うこともできるでしょう。夜の闇とは異なりますが、雲・霧のあるなしでは、明るさは異なるのが、私たちの知る現実です。

正信偈には、どれだけ分厚い雲や霧がかかり、太陽の光を遮り、お日さまを隠そうとしたとしても、雲や霧がない時と同じように明るいといわれます。雲や霧という煩悩が真実信心のお日さまを覆い隠そうとしても、雲や霧がないかのように、明るく照らす光が、阿弥陀さまの光です。十二の光の名で讃えられる中、その根本・中心とされる無礙のはたらきとして、讃えられるところですね。

ある先生は、私たちの煩悩は自己中心的だが、それが自分の利益になるものを対象として働くときは貪愛になり、自身の邪魔になるものに対して働くときには瞋憎となるとおっしゃいます。このような私の煩悩が常に阿弥陀さまの光を覆い、遮ろうとしてしまっています。「けれども」、その煩悩は全く存在しないかの如く、阿弥陀さまの光が明るく輝いているというのです。

二つの「ども」を挟んで、一つ目に説かれる「摂《せっ》取《しゅ》心《しん》光《こう》常《じょう》照《しょう》護《ご》」、つまり「阿弥陀さまの摂取の心光」と、最後に説かれる「雲《うん》霧《む》之《し》下《げ》明《みょう》無《む》闇《あん》」、つまり「阿弥陀さまの闇なき輝き」とは別物ではありません。両方とも阿弥陀さまの光のことです。同じ阿弥陀さまの光を表しますが、なぜ、わざわざ二つの「ども」を挟まれたのでしょう。

親鸞聖人は、私たちの常の煩悩の醜さを明かし、その煩悩を礙《さまた》げともせずに光り輝く阿弥陀さまの光の無礙性を、私たちに説き示してくださっているのですね。親鸞聖人のお心を、その通りに静かに、素直に聞かせていただきましょう。

信心の利益（4）

獲信《ぎゃくしん》見敬《けんきょう》大慶喜《だいきょうき》　即横《そくおう》超截《ちょうぜつ》五《ご》悪《あく》趣《しゅ》

【書き下し】
信《しん》を獲《え》て見《み》て敬《うやま》ひ大《おお》きに慶喜《きょうき》すれば、すなはち横《おう》に五悪趣《ごあくしゅ》を超截《ちょうぜつ》す。

（『註釈版聖典』二〇四頁）

【現代語訳】
信を得て大いによろこび敬う人は、ただちに本願力によって迷いの世界のきずなが断ち切られる。

（『教行信証（現代語版）』一四五頁）

一、今、迷いの中にいる

突然の雨に

これまで信心の利益として、「心光摂護の益」について話してきました。そこでは、二つの「常」が述べられていることに触れました。一つは、私たちの煩悩が常であるということです。もう一つは阿弥陀さまの摂取不捨のお心が常であるということです。ともに、途切れることのない「つね」「いつも」ということでした。

私たちは、恥ずかしながら、また残念ながら、四六時中、阿弥陀さまのことを思っているわけではありません。なるほど朝夕のお勤めをしている時には、阿弥陀さまに思いを向けることができます。また、お寺で法座がある時には、阿弥陀さまの前に座り、阿弥陀さまに真向きになっているということができるでしょう。けれども、毎夜、阿弥陀さまの夢を見るわけでもありません。目の前のことに没頭している時には、そのことだけに集中し、阿弥陀さまのことが二の次になっているといわなければならないでしょう。

先日、あるご法座でお話をさせていただいていると、突然大きな雷の音とともに激しい夕立が降ってきました。それまで私の話にうなずきながら熱心にお聴聞してくださっていたお同行が、外の激しい雨の方を眺め、「どうしよう」「困ったなぁ」という表情をされました。傘を持ってきていない方は、帰り道を心配されたのだろうと思います。また、洗濯物を干したままお寺に来られた方は、せっかくの洗濯が台無しになってしまうことを案じられたのでしょう。

ちょうど、二つの「常」についてお話ししていた時でしたので、「せっかく阿弥陀さまの前に座らせていただいてる時でさえ、なかなか阿弥陀さまのことだけを思い続けることは難しいですね」とチクリと皮肉を交え、「それでも、私のことを常に、照らしてくださる阿弥陀さまはありがたい仏さまですね」とお話をして、法座を閉じさせていただきました。

法座が終わり、お茶をいただいていると、坊守さんが「先生がおっしゃるように、ご法話の最中に洗濯物のことを考えてしまいました。やはりびしょ濡れで、もう一度、洗濯しなおします」と笑いながら声をかけてくださいました。

二〇二〇年十一月、真宗教団連合（親鸞聖人を宗祖と仰ぐ十の真宗教団で組織される連合体。共同してさまざまな活動に取り組んでいる）の法語カレンダーに「拝まない者もおがまれている　拝まないときもおがまれている（東井義雄）」とありました。どんな私も、いつの私も阿弥陀さまが見守ってくださっているのですね。

横超五趣の益

さて、ここからは、「横超五趣《おうちょうごしゅ》の益」についてお話をします。信心の利益の第四番目です。横超とは、横に超えるということです。横とは、例えば、横着とか横柄、横暴など。あまりよい意味には使われないようです。手元の辞書によれば、「わくをはみ出ること」「道理にしたがわないこと」などと説明されています。「わく」や世間的な「道理」のことが五悪趣として述べられ、「わく」や世間的な「道理」を超えることが横超と呼ばれるのです。横超とは、五悪趣を段階を踏みながら、時間をかけて超えていくような超え方ではなく、時間をかけずに、一足飛びに、一気に飛び超えるような超え方をいいます。信心の行者・念仏者は、五悪趣を一気に飛び超えると示されるのが、横超五趣の益です。

五悪趣・六道とは

五悪趣とは、地獄《じごく》・餓鬼《がき》・畜生《ちくしょう》・人《にん》・天《てん》のことです。これに修羅《しゅら》を加えて、六悪趣《ろくあくしゅ》・六道《ろくどう》と数えることもあります。では六道とはどのようなことをいうのでしょうか。まず簡単に六つの言葉の意味を紹介したいと思います。

地獄とは、文字通り、地下の牢獄です。寒い時には痛いほどに極端に寒く、暑い時にも痛いほどに極端に暑いところです。地獄とはこのような苦しみのきわまった世界・状態のことです。

餓鬼は、常に飢餓に悩まされる世界・状態のことです。

畜生は、人に飼われ、養われて生きるもののことで、鳥・獣・虫・魚などのことです。

修羅は、絶えず対立をして闘争をする状態のことです。

人は、言うまでもなく、人間世界のことですね。

天は、衆生が受ける最高の状態のことです。

この六道はすべて迷いの状態とされ、自分の行いによっておもむく状態のことです。自身の悪の行為によって、自身が受けなければならない悪い迷いの状態です。この自身の行為によってその報いを自身で受けるということが、世間的な道理と考えられます。

一般には、生まれ変わり死に変わりする中で、六道を巡ることを六道輪廻や六道を流転すると考えられています。人として生まれる前の状態や、人として亡くなった後の状態と考えているということです。けれども、生まれ変わり死に変わりする中でのことと受けとめてよいのでしょうか？　人として生まれる前の状態や、人として亡くなった後の状態としてだけ考えてもよいのでしょうか？

地獄とは、苦しみのきわまった状態ですが、何をやってもうまくいかない時や、八方ふさがり・四面楚歌の状態に陥り、孤立無援の場面には、生きた心地がせずに、地獄を味わうような思いになることがありますね。

餓鬼とは、飢餓に悩まされる状態です。昼食の時間まで待つことができずに「早弁」をする状態は、極端にいえば餓鬼の状態といえるのではないでしょうか。

畜生とは、人に飼われた動物などですが、自由を奪われた状態といえるかと思います。家の中では檻に入れず、鎖にもつながずに自由にさせてあげています、とおっしゃる方もいるかもしれませんが、自由に屋外に出ることができない状態は、やはり不自由な状態といわねばならないでしょう。私たちも、ぎゅうぎゅう詰めの満員電車の中にいる時や、長い渋滞に巻き込まれた時など、身動きのとれない不自由な状態の時がありますね。

修羅とは、争いを好む状態ですが、テレビのワイドショーを見ていると「人生の修羅場」「辺りは修羅場と化した」などと報道されることがあります。また、まわりにいる人の優れた点を見つけるのではなく、その逆に、他人の「アラ」を探し、それを得意げに話すことを好む人もいます。

天とは、「天にも昇るようなうれしい出来事」などと使われ、よい状態のことと考えられます。喜びの絶頂期だからこそ、慎重に事を運ぶことも大切なのですが、浮かれすぎてしまい、肝心要の事を忘れてしまうこともありますね。ですから、天も迷いの状態とされるのです。

このように考えてみれば、今、私たちは、人として生まれ、人として生きていることは間違いありません。人として生かさせていただいている私たちですが、五悪趣・六道の状態にいるということもできるでしょう。決して、人として生まれる前の状態や、人として亡くなった後のことだけではありませんね。

今、迷いの状態にいるということを、しずかに考えることも大切なことだと思います。

二、お釈迦さまの歩んだ七歩

あれ？　お念珠がない！

日々のお勤めに欠かせないものがあります。お仏壇のお荘厳・お飾りはもちろんですが、聖典《せいてん》とお念珠《ねんじゅ》を忘れてはいけませんね。

ご門徒のお宅に寄せていただく時に、お寺から歩いていく時もあれば、自転車や原付バイク・自動車で寄せていただくこともあります。歩いていく時には、お寺を出る時に輪袈裟《わげさ》を首にかけ、お念珠を左手に持ったまま向かうようにしていますが、自転車などで向かう時には、走行中に引っかかると危ないので、輪袈裟とお念珠は鞄にしまったまま ご門徒宅に向かいます。そしてお宅に着き、チャイムを鳴らす前に、輪袈裟とお念珠を出して、身なりを整えるようにしています。

先日、バイクで二十分ほど走って寄せていただくマンションに着き、いつものように駐輪場にとめました。歩きながら、鞄に手を入れましたが、いつものお念珠の感触がありません。あれ？　と思って立ち止まって、鞄の中を確認しました。輪袈裟はありますが、輪袈裟に通してワンセットにしているお念珠がありません。紐が切れてお念珠の玉がバラバラになっているのでもありません。前日を思い返すと、近くのお寺の僧侶の集まりがあり、私服でうかがう際に、お念珠だけをもって寄せていただいたのです。そのままうっかりして、お参り用の鞄にお念珠を入れるのを忘れてしまったのです。

「今からお寺に取りに戻ると、どんなに飛ばしても往復で三十分はかかるなぁ」「この後にも時間の約束をしているご法事もあるしなぁ」などと思い、そのまま、エレベーターに乗り、寄せていただく階のボタンを押しながら、今度は、何と言い訳をしようかなぁと考えてしまいました。

「素直に忘れたと話す方がいいかなぁ？」

「もし大切なお念珠を忘れたと話したら、毎月の大切な月参りに対する真剣さが足りないと思われたり、叱られたりするかな？」

「いっそのこと、お念珠の紐が切れたと話そうかな？」

「紐が切れたと話したら、縁起が悪いと思われるかな？」

などとエレベーターの中であれやこれやと考え、挙げ句の果てには、

「お念珠の紐が切れて縁起が悪いと言われたら、そこから、み教えの話をしようかな」

などと考えてしまいました。

結局、エレベーターを下りてすぐにご門徒に出会い、気持ちがまとまらないまま玄関から仏間に入り、お仏壇のお光をともしていると、気付いていただきました。「忘れまして！」と言うと、何でもないように、亡くなったご主人がいつも使っておられたお念珠を貸してくださいました。

お念珠を忘れたことは私の大きな失敗ですが、その失敗を取り繕おうとすると、嘘に嘘を重ねてしまうことになりますね。嘘を重ねるだけでなく、嘘をきっかけにして、反対に相手を諭す側に自分を置こうとする傲慢さにゾッとしながら、読経をさせていただきました。

四方七歩の宣言

正信偈には「五悪趣」とあり、現代語訳には「迷いの世界」とあることを、「六道」としてお話しました。六道とは、地獄・餓鬼・畜生・修羅・人・天の六つの迷いの状態です。六道輪廻といわれることもあるように、一般には、人として生まれる前の状態や、人として亡くなった後の状態を指すと思われていますが、それだけではありませんね。人として生きていながら、五悪趣・六道の状態にいるということもできます。

お念珠を忘れた自分のミスを隠そうとしたり、ミスを隠すだけではなく、教えを語り自分が優位に立とうとするような思いは、まさに今、私が迷いの真っただ中にいるということですね。

ここで思い出されるのは、お釈迦さまのご誕生の場面です。お釈迦さまは、誕生されるやいなや、七歩、歩まれて、東西南北の四方に向かって「天上天下唯我独尊《てんじょうてんげゆいがどくそん》　三界皆苦我当安之《さんがいかいくがとうあんし》」と高らかに宣言されたと伝えられています。四方七歩《しちぶ》の宣言といわれます。

私の勤めている龍谷大学では、入学した最初の学年一年間を通して、お釈迦さまの八十年のご生涯とその教え、親鸞聖人の九十年のご生涯とその教えについて、講義をする時間があります。すべての一年生が学ぶ必修科目となっています。

入学式の後、大学生として生活をスタートするにあたってのさまざまな説明や準備の期間があります。その中には、大学のキャンパスを離れて、ご本山へ参拝する時間もあります。また琵琶湖畔のホテルに一泊だけですが宿泊をして、新しく出会う仲間とともに、生活になじんでいってもらったりもしています（二〇二〇年より新型コロナウイルス感染症の影響で休止中）。これらの期間が一週間ほどですので、ちょうど講義の開始が四月八日頃です。お釈迦さまのお誕生日ですね。

入学して間もない新入生に向かって、お釈迦さまのご誕生の話をします。ご誕生の場面でこの四方七歩の宣言を紹介すると、毎年、同じような反応が返ってきます。

「生まれたばかりの赤ん坊が、七歩も歩くはずはないでしょう！」

「生まれたばかりの赤ちゃんが、そんなに難しい言葉を話すはずがないでしょう！」

至極もっともな反応であると思います。中には「大学にきて、そんな作り話を聞きたくありません！」と嫌悪感をあらわにする学生もいます。

不思議がらずに信じてくださいとも言いません。むしろ、不思議に思う方が当たり前ですね。大切なことは、このことを客観的な事実として科学的に証明しようとすることではありません。長い仏教の伝統を通してこのように語られ、伝えられてきた意味について考えてほしいと話をします。

つまり、生まれたばかりのお釈迦さまが実際に歩かれたかどうか、この言葉をおっしゃったかどうかを詮索するのではなく、お釈迦さまのはじめの行為と言葉が四方七歩の宣言であるということです。お釈迦さまが最初におっしゃった言葉として受けとめるならば、それが仏教の基本ということでしょう。また、お釈迦さまが最初に行った行為として受けとめるならば、それがまた、仏教の基本ということでしょう。

四方に向かって宣言されたということは、この世に生きるすべての生き物に向かって呼びかけられたということです。一人の例外もなく、すべての者に向かって語られ、通用する教えが、仏さまの教えであるということです。

また、最初の歩みが七歩ということは、一歩でも二歩でも、また八歩でもありません。六を超える七という数字が大切なのですね。六道の迷いを超える道を示しているのが、七歩の歩みです。お釈迦さまの説かれた仏教が、六道の迷いを超える道を示してくださっているのです。

親鸞聖人の妻・恵信尼さまがお書きになったお手紙にも「生死出づべき道」とあります。

では迷いの生死をただちに本願力によって超え出るとはどのようなことなのでしょうか。次に、「横超五趣の益」の「横超」「超截」について、お話をさせていただきたく思います。

三、先だった人を思えば

息子の年忌まで生きたい

　ご門徒さんに、九十歳を超えたおばあちゃんがおられます。連れ合いに先立たれ、最愛の息子さんも四十代で亡くされ、それ以来二十年余り一人住まいですが、毎月の法座にもよくお参りいただきました。私がお宅に行く時は原付バイクですので、それほど時間はかかりませんが、おばあちゃんがお寺にお参りになる時には、バスを乗り継いで来てくださっていました。時間も私の倍以上はかかっていたのではないかと思います。

　しかし、このおばあちゃんもバスの乗り降りが不自由になり、転んだりすることが不安になって、お寺に来られることがめっきり減ってしまいました。一人暮らしでもあるので、月参りに寄せていただくと、涙を流して喜んでくださり、ゆっくりと毎日の生活の様子を聞かせていただきます。先立った息子さんを私に重ねておられるのかなぁと思い、お話をうんうんと聞かせていただいております。

ある時、寄せていただくと、いつもと雰囲気が異なり、つらそうな言葉が続きました。だんだんと物忘れがひどくなってきて、かけている眼鏡をしばらく探していることもあるそうです。買い物に行っても、何を買う予定で出てきたのか忘れてしまうこともあります。買い物に行く時はよいけれども、帰りには買った物が重くて、だんだんと買い物が億劫になってきたともおっしゃいます。お風呂掃除や台所仕事も、腰を曲げたり膝を曲げたりするのが苦しくなってきたとおっしゃいます。

なるほどそうですね！　家事の多くは前かがみになることが多く、腰に負担のかかる姿勢が多いです。買い物も、行きはいいですが、帰りは大変です。買い物が多くなれば何度かに分ければよいのかもしれませんが、何度も買い物に出向くことも大変な労力を必要とします。

九十歳を超えても、ご自分でそこまでされていることに驚きを感じつつ話を聞いていますと、「そろそろ息子が迎えに来てくれないかなぁ」と涙ながらにおっしゃいました。

気丈なおばあちゃんですが、さすがにつらいんだなぁと思いながら話を聞いていると、今度はすっきりしたような表情で、「でも、あと三年がんばって生きて、息子の年忌を勤めないといけませんね。三年は死ねませんね」とニコッとされました。

これも煩悩？

先立った息子さんを思うお母さんの思いを聞きながら、いくつかの言葉が頭をよぎりました。

一つは『歎異抄《たんにしょう》』第九条の「なごりをしくおもへども、娑婆《しゃば》の縁尽《えんつ》きて、ちからなくしてをはるときに、かの土《ど》へはまゐるべきなり」（『註釈版聖典』八三七頁）です。

どれほど私たちのこの娑婆世界への名残惜しい気持ちが強くても、娑婆との縁が尽きてしまい、この世に生きる命を終える時に、阿弥陀さまのお浄土に往生させていただくというのです。「生きていたい」「死にたくない」「まだ死ぬわけにはいかない」と思ったとしても、娑婆との縁が尽きた時に、命を終えていかねばならないのです。しかもその縁は無量であると考えねばなりません。

ご法事の折の「表白《ひょうびゃく》」で、「……死の縁無量にして、人の命のはかなきこと……」と拝読しておりました。このフレーズが耳に残っている方もおられると思います。「死《し》の縁《えん》無量《むりょう》」（『同』八六五頁）、この言葉もおばあちゃんの話を聞きながら、浮かんだ言葉です。

もう一つは、蓮如上人のお言葉です。上人が「白骨の御文章」に「老少不定《ろうしょうふじょう》」（『同』一二〇四頁）とお記しのように、お年を召した方が先で、若い人が後だとは決して定まっていないのですね。これは厳しい現実です。だからこそ、いつ、どのような縁で終わるかわからない命を、今、一生懸命に生かさせていただいているのですね。

さまざまな痛みや苦しみ・つらさから逃れたいので早く迎えに来てほしいというお気持ち、息子さんの年忌法要を勤めるために、それまでは何とか元気に過ごしたいというお気持ちは、多くの方が懐いているお気持ちと重なるのかもしれません。けれども、現実にはこのような気持ちがそのまま成就するかといえば、「わからない」と言わねばなりません。またこのような気持ちも、私の思い通りにしたい、なりたいという、愚かな私のわがままであり、煩悩であるといわねばなりません。厳しいですね。

超截・横超ということ

すでに、五悪趣についてお話をしました。今、私は、五悪趣という迷いの状態の真っ直中にいると気付かされることが大切なことだと述べました。けれども、迷いの中にいるというだけでは、悲しい現実を突きつけられただけで、悲観しなければなりませんね。

親鸞聖人は、五悪趣という迷いのきずなを「即《すなわ》ち」「横《おう》に」「超截《ちょうぜつ》す」とお示しです。

ここでは、「横」「超截」ということについて考えてみましょう。

横については、先にも少し触れました。図々しいことやずるく怠けることを横着といいます。また、おごり高ぶり無礼なことを横柄といいますね。このように、日常生活では良い意味に使われない場合もあります。辞書によれば、「わくをはみ出ること」「道理にしたがわないこと」などと説明されていますが、この「わく」「道理」を超える超え方が、「横」と示されています。

悪趣の「趣」とは、「おもむく」「むかう」ということです。「趣」の字を分解すれば、「走」「取」に分けられます。悪趣とは、悪の方向に「走」り、悪の結果を「取」るというのですね。私たちの日々の当たり前な生活や人生、その向かう方向が実は、悪の方向であるということです。煩悩をもちながら過ごしている生活・人生が、悪い結果につながるというきずなを生きているということが悪趣ということですね。

このきずなを「横」に「超截」するというのです。超截とは、超え、截《き》るということです。信心の利益についてゆっくりとお話をしておりますが、その一つ目の利益を示すご文は、「不断煩悩得涅槃《ふだんぼんのうとくねはん》」でした。私たちは命ある限り、煩悩がなくなることはありません。しかし、その煩悩が煩悩のはたらきをしなくなることを「断」という文字が表していることを紹介しました。

ここでも、同じですね。悲しいことに、また恥ずかしいことに、私たちは煩悩をなくすことはできません。煩悩がなくならないのであれば悪趣のきずなが断たれる道理はありません。少しずつでも煩悩を減らして、最終的に悪趣を断ち切るということが道理です。けれども、この道理にしたがわず、煩悩をなくすることなく、悪趣のきずなを超え、悪趣のきずなを截ると示されています。もはや五悪趣の迷いを繰り返すことがなくなるのです。しかもこの「横」「超截」が「即」であると明言しておられるのです。

即とは、ただちに、すぐにということです。長い時間をかけて断ち截られるのではなく、「能発一念喜愛心《のうほついちねんきあいしん》」「獲信見敬大慶喜《ぎゃくしんけんきょうだいきょうき》」の時に、ただちに、すぐにということです。

四、喜びにつつまれるとき

法語カレンダー

十二月の月参りの時には、一年間のお礼の気持ちを込めて、真宗教団連合が発行する翌年のカレンダーをお渡ししています。

玄関に掛けていただいているお家、リビングに掛けていただいているお家などさまざまでですが、仏間に掛けていただいているお家が一番多いです。お家のどこに掛けていただいても結構なのですが、毎日見ていただいていると、差し上げた甲斐があります。

せっかく差し上げたのに、お仏壇の横に掛けられているカレンダーがいつまで経っても表紙のままのことがあります。少しさみしい気持ちになりつつ、表紙の言葉が好きなのかなと期待しながら伺うと、「しまった」という表情で、めくり忘れたことを話されます。それだけ毎日毎日をいっぱいいっぱいに生活しておられるのかと思いながら、月参りを続けておられることに頭が下がる思いでお茶をいただくことがあります。

差し上げたカレンダーがお宅のどこにも見当たらないなぁと思っていると、離れて住んでおられる息子さん家族のお宅に渡っていることもあります。早くにお尋ねし、もう一部、差し上げるべきだったなと反省をしました。

また、たまたまお借りした手洗い場に掛けられていることを発見し、静かに一人になれる場所で、毎日読んでいただいているのかなと想像したこともあります。

いずれにせよ、私がカレンダーをお渡しする時、ほとんどの方が「待ってました。コレをいただくと、一年が終わるような気がしますね。でも一年って早いですね」とおっしゃいます。そして、テレビや新聞で報道されるような世間を騒がせたニュースに始まり、身の上に起こったことなども、しみじみと振り返りながらお話をしてくださいます。身体の調子が変わったこと、新しく通うようになったお医者さんの話、お子さんや周囲への不満、お孫さんの成長など、早く過ぎ去る割りには、色々な出来事があるようです。最後には、「来年もいい年になるとよいですね」「特にいいことがなくても、悪いことさえなければいいですね」と話しながら、お宅を後にします。

カレンダーは、翌年の準備をする一つの象徴のようですね。

葬儀の準備

私の学生時代の友人の話です。彼は三十代ですでに住職となりましたが、継職をして間もない頃に、父である前住（先代住職）に病気が見つかりました。入退院を繰り返しながら、懸命に治療を受け続けておられましたが、ある時、ご自身のお葬儀について、話をされたそうです。前住ご自身が、この世で最後にすべきことの一つとして、自身の葬儀の差配をされたのです。お通夜やお葬儀のお荘厳（お飾り）について、出勤していただく近隣寺院の僧侶の手配について、勤行の次第について、ご本山への連絡など、細かく丁寧に語られたそうです。もうすでに住職も代替わりをし、お寺の運営もすべて友人が任されていて、葬儀の導師も何度となく務めていましたから、わざわざ言われなくても大丈夫と彼は思っていました。けれども、細かな指示・要望を聞いていたおかげで、大きく悩むことなく葬儀を済ませることができたそうです。

ご自身のためではなく、息子が戸惑わないようにという親心ですね。

僧侶・住職になる準備

私が大学で教えている学生の中には、すでに将来、住職になることを決心している学生もいます。私自身のことは棚に上げなければなりませんが、将来、住職を目指す学生には、ご門徒のいろいろな相談に対応したり、さまざまな問題に取り組んだりできるような僧侶・住職になってほしいという願いから、ついつい多くのことを要求しすぎたり、内容が難しくなってしまうことがあります。授業中、学生の反応が鈍くなった時に、学生に尋ねたことがあります。

「僕の話、難しいかなぁ？　どこがわからないかなぁ？　全部わからない？」

「先生、全部わかりませんよ！」

全部わかりませんと言われて、相当、傷付きながら、

「全部、わからないの？　少しもわかるところはないの？」と尋ねると、

「わかるところもありますよ」と応えてくれたので、念のために確認をしました。

「全部わからないのじゃなくて、全部はわからないんだね」

平仮名の「は」があるとなしでは大違いですね。「は」がなければ、始めから終わりまで一〇〇パーセントわからないということです。「は」があれば、わかる部分とわからない部分とがあるということです。微妙なニュアンスですが、わからない部分よりも、わかる部分の方が多いということであればよいですが……。

細かな文字の修訂

親鸞聖人の直筆の文字が載せられています。ご覧いただくと、一句目に文字の修正の跡が見られます。私たちが日頃、読み慣れているご文とは異なるご文になっていますね。私たちが親しんでいるご文は「獲《ぎゃく》信《しん》見《けん》敬《きょう》大《だい》慶《きょう》喜《き》」です。親鸞聖人の直筆を伺うと、はじめに書かれた「見敬得大慶喜人」を修訂し、「獲信見敬大慶人」とされていることがわかります。

また、『尊号真像銘文』というお書物の最後のあたりで、正信偈のご文を聖人ご自身がやさしく説き示してくださっています。ちょうどこの部分については、細かな説明が施されています。そこには、「獲信見敬得大慶」とあります。

これらをまとめて、最も丁寧に表

親鸞聖人筆『顕浄土真実教行証文類』（坂東本）真宗大谷派蔵。国宝。

すとすれば、「獲信見敬得大慶喜人」となるでしょう。

私たちは、阿弥陀さまのご本願に触れ、信じることができたその時に、大いなる喜びに包まれるというのです。けれども、五つの迷い（五悪趣）がなくなってしまうわけではありません。私たちは命ある限り、迷いの煩悩から離れることはできません。

喜びに包まれると申しましたが、煩悩がなくなったことを喜ぶのではありませんね。煩悩がなくなるのではなく、煩悩に引きずられて再び迷うことの恐れや心配がなくなることを、大いなる喜びであるとおっしゃっているのです。

また、命閉じていく時に、大いなる喜びに包まれるのではありませんね。大いなる喜びが生じるのは、命を終えていく臨終ではなく、ご本願に触れ、信じることができたその時です。正信偈ではこの時を、「即横超截五悪趣《そくおうちょうぜつごあくしゅ》」と示されるのです。

正信偈は、一句が漢字七文字という偈の形式であるために、字句を増減しなければならなかったのでしょう。また、字句の増減によって、細かなニュアンスも異なるのでしょうか。いずれにせよ、親鸞聖人が細かな字句について、いろいろと推敲を重ねられたご文を、私たちも大切に学ばせていただかねばなりませんね。

五、わが善き親友

文字の浮き出るお線香

お仏壇の前に座ると、一連の動作がありますね。ろうそくにお光をあげて、お線香に火をつけて、横に寝かせて香炉に供えます。お線香が長くて香炉におさまらない場合は、香炉の大きさに合わせていくつかに折ってから、香炉に供えます。

まだ大学に入学したばかりの若い頃、祥月命日のお参りに寄せていただいた時に、毎月とは違う太く平べったいお線香が用意されていました。珍しいお線香やなぁと思いながら、香炉に入らないので、いつも通り二つに折った途端、「アッ」と後ろから声がしました。「若さん、折ったらアカンやん」と叱られてしまいました。

「なんでやろ！」と、少しムッとしながら読経を始めると、お線香に少しずつ文字が浮き出てきました。読経が進み、二つに折ったお線香の文字をあわせると、南無阿弥陀仏の文字でした。ムッとしたことを恥じながら、申し訳なかったなと思い、御文章をいただきました。お茶を飲みながら、このお線香は南無阿弥陀仏が浮かび上がるようになっているのだと教えていただきました。

浄土真宗では「供香」といいますが、その名の通り、仏さまに敬いの心から香りをお供えすることをいいます。ですから、たとえ文字が浮かぶものでも、香炉の大きさに合わせて数本に折り、横にしてお供えすればよいのですね。

先日、こんなことがありました。文字の浮かぶお線香を香炉にお供えし、読経を始めると、「南無」の二字が現れました。ところが、次の文字は「阿」ではなく、「大」でした。「何だ!?」と思っていると、「南無大師遍照金剛」でした。阿弥陀さまがご本尊であるお仏壇の前に座りながら、モヤモヤとしたまま、読経を終えました。

往観偈の文

「獲信見敬大慶喜」というお言葉は、『仏説無量寿経』にある偈文をもとにしています。『大経』には、私たちが日頃のお勤めでよく親しんでいる讃仏偈や重誓偈があります。「光顔巍巍　威神無極」で始まる偈文が讃仏偈、「我建超世願　必至無上道」で始まる偈文が重誓偈ですね。

『大経』には実はもう一つ偈文があります。東方偈《とうほうげ》・往観《おうごん》偈などと呼ばれる偈文です。この偈の最後のあたりに、「聞法能不忘《もんぼうのうふもう》　見敬得大慶《けんきょうとくだいきょう》　則我善親友《そくがぜんしんぬ》」とあります。仮名まじりに読み下せば、「法《ほう》を聞《き》きてよく忘《わす》れず、見《み》て敬《うやま》ひ得《え》て大《おお》きに慶《よろこ》ばば、すなはちわが善《よ》き親友《しんぬ》なり」（『註釈版聖典』四七頁）となります。「教えを聞いてよく心にとどめ、仏を仰いで信じ喜ぶものこそ、わたしのまことの善き友である」（『浄土三部経（現代語版）』八三頁）ということですね。

『大経』に「聞法能不忘　見敬得大慶」となっているお言葉を、正信偈では「獲信見敬大慶喜」とされたのですね。

また『大経』に、阿弥陀さまのお心を聞いて忘れないと説かれていることがらを、親鸞聖人は、正信偈に「獲信」、すなわち「信を獲（得）て」と表されています。このことを重ねてあわせて、「見て敬う」と記されたのだとうかがえますね。見るとは、もちろん、眼で見るということではなく、阿弥陀さまの心を私の心で聞き、私の全体で受けとめさせていただくということです。それはそのまま、阿弥陀さまの心を敬うことでもあるというのですね。

そして、往観偈によれば、阿弥陀さまの心に触れ、阿弥陀さまの心を敬うことのできる人は、お釈迦さまの善親友であるといわれるのです。正信偈には善親友というお言葉は出ませんが、なんと、お釈迦さまの親友であるといわれるのです。仏教徒にとって、これほどうれしいほめ言葉はないですね。

どんな人になりたいですか

年の初めに「今年はこれにチャレンジしよう」などと、一年の目標を立てることもあるかもしれません。とにかく無事に過ごしたい、という方もおられるでしょうし、去年できなかったことを「今年こそは！」と気持ちを新たにされる方もおられると思います。目標を立てようとする時には、現在の状況を正しく見なければなりません。地図を見ている時にも、現在地を正しく知らなければ、地図の役割を果たすことはできませんね。では、私という人間はどのような人でしょうか？　また、どのような人になりたいと思いますか？　憧れる人はどのような人でしょうか？

逆に、こんな人にはなりたくないと思う人はどんな人でしょうか？

清貧な人。優しい人。思いやりのある人。笑顔のすてきな人。おしゃれな人。人前で話すことが得意な人。字のきれいな人。絵の上手な人。手先の器用な人。歩き方の美しい人。人の話を上手に聞ける人。人の話を上手にまとめることのできる人。

いずれも、人に言われるとうれしいと思うことばかりだと思います。中には、努力をすれば変えられるものと、いくら努力を重ねても変えられないものもあります。

自分の長所だと思っている点や、自信のある点を、もし非難されたり、正当に評価してもらえないとすればどうでしょうか。いら立ちや、腹立たしい気持ちになりますね。

私はプロ野球が好きで、よくテレビの野球中継を見ます。解説者の話を聞いていると、こんなことを聞いたことがあります。それぞれのピッチャーには、得意とする球種があります。直球を得意球とする人、変化球を得意とする人などさまざまですが、そのピッチャーの得意とする球種をバッターが打つと、ピッチャーは自信をなくすことがあるそうです。守っているチームメイトや監督・コーチ・観客は、ピンチの時には一番得意な球を投げるのがよいと思いますが、投げている本人は、必ずしもそうではないということですね。

長所を木っ端微塵に打ち砕かれると、立ち直れないほどのダメージを受けるということです。

逆に、コンプレックスに思っていることや苦手だと思っていることをほめられたり、長所だと言われると、こしょばい（こそばゆい）思いもしますが、跳び上がるほどうれしくなります。

「わが善き親友」。仏教徒にとって、これほどうれしいほめ言葉はないですね。煩悩から離れることのできない私が、阿弥陀さまのお心に触れ、阿弥陀さまの心を敬う私となり、煩悩の私のままお釈迦さまの親友とおっしゃっていただけるのです。跳び上がるほどにうれしい言葉ですね。

信心の利益について、しばらくお話をしています。信心の利益は五つに分けて考えることができます。先に触れた「獲信見敬大慶喜《ぎゃくしんけんきょうだいきょうき》」は、第四番目の「横超五趣の益」です。第五番目は「諸仏称讃《しょぶつしょうさん》の益」といわれます。

第四の利益に直接は述べられていませんが、『大経』にある東方偈・往覲偈の「則我善親友」について、第五の諸仏称讃の益が記されているということができるでしょう。

次に、第五番目の利益についてお話をいたします。

信心の利益（5）

一《いっ》切《さい》善《ぜん》悪《まく》凡《ぼん》夫《ぶ》人《にん》　聞《もん》信《しん》如《にょ》来《らい》弘《ぐ》誓《ぜい》願《がん》
仏《ぶつ》言《ごん》広《こう》大《だい》勝《しょう》解《げ》者《しゃ》　是《ぜ》人《にん》名《みょう》分《ふん》陀《だ》利《り》華《け》

【書き下し】

一切善悪《いっさいぜんあく》の凡夫人《ぼんぶにん》、如来《にょらい》の弘誓願《ぐぜいがん》を聞信《もんしん》すれば、仏《ぶつ》、広大勝解《こうだいしょうげ》のひととのたまへり。この人《ひと》を分陀利華《ふんだりけ》と名《な》づく。

（『註釈版聖典』二〇四頁）


【現代語訳】

善人も悪人も、どのような凡夫であっても、阿弥陀仏の本願を信じれば、仏はこの人をすぐれた智慧を得たものであるとたたえ、汚れのない白い蓮の花のような人とおほめになる。

（『教行信証（現代語版）』一四五頁）

一、ワガママは誰？

風の吹く墓地で

まず、墓地であったお話から始めましょう。

葬儀が済み、初七日から満中陰《まんちゅういん》の法要まで無事に勤まりました。しばらくして、親類縁者がそろうことのできる日に、お墓に納骨をしたいとの相談があり、お寺（私）の予定表を見ながら、納骨の日取りを決めることができました。

私は大阪在住ですので、滅多に降雪もないのですが、十二月の半ばのことで、爆弾低気圧による雪の心配もしていました。当日は雪も降らずに快晴でした。念のため、腰や背中にカイロを貼って万全の状態で墓地に向かいました。けれども、山の上にある墓地は思った以上に寒く、風も強い日でした。

少し早めに着いたので、休憩所で待っていると、徐々に親戚の方が集まって来られました。「お天気でよかったですね」「雨や雪でも降ったら、大事な衣が濡れてしまうから、心配していたんですよ」などと話しているうちに、全員がそろい、お墓の前に移動しました。お供えなどの準備をしていただくのを待ってから、読経を始めました。

私が最初にお焼香をさせていただき、順次、喪主の方から墓前でお焼香をされました。始めの一、二分の間はよかったのですが、足もとから冷たい風が舞い上がり、袂からも厳しい風が吹き込んで、首筋にも山風がきつく当たってきて、すぐに身体が冷えてきました。お焼香をされる方を見ると、分厚い上着やコートを着て、首にもあたたかそうなマフラーを巻いておられました。お焼香が済んだ方はすぐに手袋を両手にはめ、風の当たらない壁の方に身を寄せておられました。

僧侶の私だけ薄着のまま、吹きさらしの風の中に立たされて、ご門徒の方々は風の当たらないところに立ち、あたたかな服装に包まれていました。

おまけに、強風にあおられて、お供えものが崩れたり、ろうそくの炎も消えそうになったりと、集中できないまま、少しいら立ちを感じながらの読経でした。

振り返り、少し言葉を述べた後、挨拶をすませると、喪主の方から、「若さん、途中からよかったですね」と声をかけられました。何のことかわからなかったので、きょとんとしていると、「若さんとこ、最初は日が当たってなかったけど、お経さんの間にだんだんお日さんが当たってきたでしょう。よかったですねぇ。こっちは壁に遮られて、日陰で寒かったんですよ」と言われたのです。

お互いに「自分の方が寒い思いを耐えている」と思い、「相手の方があたたかくてうらやましい」と思っていたのですね。

私が幼い頃から親しくしていただいたご門徒の納骨にせっかく寄せていただいたのに、読経に集中できないなんて、未熟だなぁ、恥ずかしい自分だなぁと思いながら、帰路の車を走らせました。

一切善悪の凡夫人

親鸞さまは『一念多念文意』に、「凡夫」についてこのように記しておられます。

「凡夫《ぼんぶ》」といふは、無明《むみょう》煩悩《ぼんのう》われらが身《み》にみちみちて、欲《よく》もおほく、いかり、はらだち、そねみ、ねたむこころおほくひまなくして、臨終《りんじゅう》の一念《いちねん》にいたるまで、とどまらず、きえず、たえず
（『註釈版聖典』六九三頁）

凡夫として生きている私たちは、煩悩を無数に身に抱きながら、日暮らしをしているのですね。自分の思い通りにしたいというワガママな欲や、なぜ自分だけ損をしないといけないんだろう、どうしてあの人だけ大切にされるのだろうという嫉妬の思いを、無数に心に抱きながら、毎日を過ごしているのですね。欲や怒り・嫉妬の思いは、「臨終の一念」まで消えることはないと示されるのです。

また、親鸞さまが「和国《わこく》の教主《きょうしゅ》」（『同』六一六頁）と仰がれた聖徳太子の『憲法十七条』の第十条にも、「われかならず聖《ひじり》なるにあらず、かれかならず愚《おろ》かなるにあらず。ともにこれ凡夫《ただひと》ならくのみ」（『同』一四三六頁）とあります。自分が尊い人間であるわけではないのです。また、相手が必ず愚かで間違っているわけでもないのです。私も相

手も、等しく凡夫であるというのですね。

正信偈には、「一切善悪凡夫人《いっさいぜんまくぼんぶにん》」のほかに、「惑染凡夫信心発《わくぜんぼんぶしんじんぽつ》」「憐愍善悪凡夫人《れんみんぜんまくぼんぶにん》」というご文に「凡夫」の語を見つけることができます。

みな等しく凡夫であるのですが、凡夫の中でも、とんでもない極悪の凡夫と、少しはマシな凡夫という違いを見つけ、区別をしようとしているのが私たちです。それが「善悪凡夫人」という語ですね。善の凡夫人と悪の凡夫人ということです。善の凡夫人と悪の凡夫人のどちらが私で、どちらが相手なのでしょうか。

目を閉じて、身近な人を数人、頭に思い浮かべてみてください。パッと頭に浮かぶ方は、どんな方でしょうか。

一緒に暮らしている家族のほか、離れて住んでいるお子さんやお孫さんのお顔も思い浮かぶことでしょう。遠くに住む親戚と同じほどに、あるいはそれ以上にお世話になっているデイサービスなどの福祉関係の方々のお顔もそうでしょうか。中には、お寺の住職・僧侶・坊守・役員の方々を思い出していただいた方もおられるでしょうか。

身近といっても、お世話になっていたり、仲よく付き合うことのできる方々ばかりではありませんね。逆に、考え方が違っていたり、気の合わない方の顔を思い浮かべた方もおられるかもしれません。私のことをわかってくれないと、いら立ちを感じる相手のお顔が一番最初に出てくることもあるでしょう。

気の合わない方に対しては、あの人は自分勝手でワガママな人で、他人のことを考えようとしない人だと思ってしまいます。あんな極悪の凡夫と比べれば、私は少しはマシな凡夫かなと感じることがあります。煩悩を減らすこともできない私は、凡夫であることを否定はできませんが、悪凡夫ではなく、善凡夫であると考えてしまいますね。

けれども、聖徳太子のお言葉を拝読すると、「ともに（共に）」「凡夫」なのですね。善凡夫と悪凡夫と分けて考えてしまう私たちですが、親鸞さまも、善凡夫も悪凡夫も区別することなくあわせて「一切善悪凡夫人」とおっしゃっています。私たちが凡夫の中で善悪を競い合ったとしても、阿弥陀さまの眼から見れば、「みなともに凡夫」ということでしょう。

全ての凡夫にかけられた阿弥陀さまの願いを、私のことと受けとめることのできる凡夫が、「広大勝解《こうだいしょうげ》のひと」「分陀利華《ふんだりけ》」とほめたたえられるのです。

二、私の周りの気高い花

仲の良い夫婦げんか

六十代の女性のお宅に、月参りに寄せていただきました。玄関を入るなり、「ちょっと聞いて」と話が始まりました。表情からは全く深刻な様子ではなかったので、私も深刻にならずに、「どうしたんですか？」と話しながら、仏間に入りました。

阿弥陀さまに合掌礼拝してから話をうかがうと、前日の夜遅く、離れて住んでいる息子さんのお嫁さんから電話があったそうです。

その電話の第一声が、「夫婦げんかをして、〇〇さんが出て行っちゃったんです。そちら（実家）に帰ってませんか⁉」というせっぱ詰まった様子で、声を詰まらせながらの電話だったようです。「家に帰って来たり、連絡があったりしたら、必ず知らせるから」と優しく声をかけて電話を切ったとのことです。

ところが、一時間ほどすると、「お母さん、今、帰ってきてくれました」と、明るくほっとした声で、お嫁さんから電話があったそうです。

「帰ってきた」ではなくて、「帰ってきてくれた」というところが面白いですね。家を飛び出すほどの大げんかをして、それほど時間が経たないうちに、「憎らしい連れあいが帰ってきた」ではなく、「愛しく大切な連れ合いが帰ってきてくれた」んですね。

「パドマ」「プンダリーカ」

二〇一四年二月に龍谷大学の海外友好セミナーで、学生三十人とともにミャンマーに十日間ほど滞在しました。海外友好セミナーは、一九八五年五月に中国上海への洋上セミナーとして始まり、ほぼ毎年開催されていました。ミャンマーでの実施は初めてです。

アウンサンスーチー氏が龍谷大学に来学されたことがご縁となりました。

初日の夕食にミャンマー料理をいただいたお店が「Padonmar」でした。龍谷大学にもパドマ（Padma）という施設がありますが、同じ語源で、紅蓮華《ぐれんげ》のことです。『仏説無量寿経』に、「優鉢羅華《うはらげ》・鉢曇摩華《はどんまげ》・拘物頭華《くもずけ》・分陀利華《ふんだりけ》」（『註釈版聖典』三五頁）とあります。それぞれ、青《しょう》蓮華、紅蓮華、黄《おう》蓮華、白《びゃく》蓮華と訳されますので、色の異なる蓮華です。

「泥中の蓮」という故事があるように、蓮華は泥の中で清らかな花を開かせます。煩悩のけがれの中にあってもそれに染まらずに、清らかさを保っていることを「泥中の蓮」と表現されるのですね。その蓮のうち、インドでは白蓮華がもっとも高貴なものとされています。

白蓮華を意味するサンスクリット語は「puṇḍarīka」です。この語を音写するとどうなるでしょうか。音写とは、発音を文字に写すということですが、「puṇḍarīka」の音写が、正信偈にある「分陀利華」です。

この「分陀利華」とは、『仏説観無量寿経』にある言葉です。また、「広大勝解《こうだいしょうげ》」とは、

『無量寿如来会』という経典にある言葉です。

正信偈では、一切善悪凡夫が、「広大勝解」「分陀利華」とほめられるのです。つまり、どのような凡夫であっても、「すぐれた智慧を得たもの」「汚れのない白い蓮の花のような人」と讃えられるというのですね。

どのような凡夫であっても、と記しましたが、聞信如来弘誓願《もんしんにょらいぐぜいがん》、つまり、阿弥陀さまの本願のこころをその如くに聞き信じる凡夫は、ということです。すべての凡夫をそのまま白蓮華（分陀利華）とほめられるのではなく、阿弥陀さまの本願を聞き信じる凡夫（信心の行者）が、白蓮華（分陀利華）と讃えられるのです。

諸仏称讃の益

しばらく信心の利益について話しています。いまはその第五番目の「諸仏称讃の益」について話しています。お釈迦さまをはじめとして多くの仏さまが、「広大勝解」「分陀利華」とおほめになるのです。「仏さま」がおほめになるという点が大切ですね。

私たちも周囲の人々、接する人々をいろいろと評価したり、さまざまに区別したりします。私たちのその評価や区別の基準は私にあります。私に対して優しい言葉をかけてくれたり、あたたかな眼差しで見つめてくれたり、笑顔で挨拶をしてくれたりする人を「よい人」と評価し、荒っぽい言葉で叱られたり、厳しい視線で眺められたりすると、その人を「悪い人」と区別をします。しかし、「よい人」がいつも必ずよい人であるとは限りませんね。逆に「悪い人」が本当に悪い人であるとも限りませんね。

よい人と思っている人の、別の人に対する厳しい態度を垣間見ると、実はよい人ではないかもしれないという不安がよぎるかもしれません。私に対して語調を荒げる場合があれば、一気にその人は悪い人に変わると言えるでしょう。

また、厳しい言葉で叱責されたことが発奮材料となり、私の成長を導いてくれることがあります。私の弱点・欠点を指摘されると、厳しく、つらく、怖く感じますが、その指摘によって自分が成長できたと感じれば、その人はよい人に転じることもありますね。

このように私たちは、愛憎違順《あいぞういじゅん》（『註釈版聖典』六〇一頁）を不確かな私の好みに応じて判断していると言うことができるでしょう。私たちの好悪や損得など不確かな判断・区別によるのではなく、仏さまは、真実の眼で判断されます。真実の眼の仏さまが、「広大勝解」「分陀利華」とおほめになるのです。

分陀利華（白蓮華）は、煩悩に渦巻く汚れた世界に咲く清らかな蓮の花の中でも、もっとも高貴で気高い花とされます。阿弥陀さまの本願のお心を受けとめられる念仏者は、どのような方なのでしょうか。

私たちは、なかなか自分自身のいたらなさを知ることは難しいといわなければなりません。しかし、お念仏に照らされて自己の頼りなさを痛感している人は、自己を誇ることなく、むしろ恥ずかしげに、申し訳なさげにしていることが多いようです。

分陀利華とほめられる人は、その慎ましやかさによって、周りへの感化、教化、影響もはかりしれないものがあります。

私自身がお念仏を喜び、仏さまから分陀利華とほめられるようになることも大切なことだと思います。と同時に、私の周りにいる分陀利華と讃えられる人に出遇うことも、同じように、またそれ以上に大切なことのように思われます。

はじめに、夫婦げんかをした若夫婦の話を紹介しましたが、結婚当初、「おめでとうございます。お似合いですね」と私が声をかけると、新婚の二人が、「いえいえ、もったいない」と互いに同時に口をそろえて応えてくれたことを思い出しました。相手を必要とする思いは、自分一人では生きていけないことを承知している思いなのですね。

阿弥陀さまの本願に出遇い、周囲の人を分陀利華と思うことのできる人間になりたいですね。

難信

弥《み》陀《だ》仏《ぶつ》本《ほん》願《がん》念《ねん》仏《ぶつ》　邪《じゃ》見《けん》憍《きょう》慢《まん》悪《なく》衆《しゅ》生《じょう》
信《しん》楽《ぎょう》受《じゅ》持《じ》甚《じん》以《に》難《なん》　難《なん》中《ちゅう》之《し》難《なん》無《む》過《か》斯《し》

【書き下し】

弥《み》陀《だ》仏《ぶつ》の本《ほん》願《がん》念《ねん》仏《ぶつ》は、邪《じゃ》見《けん》・憍《きょう》慢《まん》の悪《あく》衆《しゅ》生《じょう》、信《しん》楽《ぎょう》受《じゅ》持《じ》すること、はなはだもつて難《かた》し。難《なん》のなかの難《なん》これに過《す》ぎたるはなし。

（『註釈版聖典』二〇四頁）

【現代語訳】

阿弥陀仏の本願念仏の法は、よこしまな考えを持ち、おごり高ぶる自力のものが、信じることは実に難しい。難の中の難であり、これ以上に難しいことはない。

（『教行信証（現代語版）』一四六頁）

一、知らない場所に行く時には

情けないやら、恥ずかしいやら

毎月のお参りに寄せていただいた時に、こんなことがありました。日頃は一緒に大きな声で読経をしてくださる五十代の女性が、その日はいつもの大きな声が聞こえないのです。時折、短く鼻をすする声が聞こえたので、何かつらいことでもあったのかなぁ？　亡くなった連れ合いの祥月《しょうつき》のお勤めだから、亡くなられた時のことや通夜《つや》・葬儀のことを思い出しておられるのかな、などと想像していました。しばらくは短く鼻をすする声が続きましたが、今度はズルズルっと大きく鼻水を吸う音が聞こえたかと思うと、大きなくしゃみが聞こえました。

「風邪を引いてしまったんだなぁ、つらいだろうなぁ」と思いやる心が出てくればよいのですが、私の心に浮かんだ言葉は違いました。

風邪？　もしかしたらインフルエンザかな？　インフルエンザがうつったら困るなぁ。明日も明後日もずっと予定があるのに……、インフルエンザをうつされたら、その予定を全部キャンセルしないといけなくなるけど、キャンセルしたら、相手から文句を言われるかもしれないなぁ。寒い時期にほとんど外出しない高齢の父に僕からうつすと、大事に至らないとも限らないなぁ。インフルエンザだったら月参りの変更を電話してきてくれればよかったのに……。

私は自分が被害者になった気持ちで、不満の言葉が心に思い浮かんでしまいました。お茶をいただきながら、恐る恐る尋ねると、風邪ではありませんでした。インフルエンザでもなく、どうやら花粉症のようだとおっしゃるのです。それなのに、不満の言葉や、相手を責める思いがわき上がってきた私は、情けないやら、恥ずかしいやら、自分を責める思いでいっぱいになりました。

また、阿弥陀さまの前に座らせていただきながら、阿弥陀さまへの思いがおろそかになってしまっていたことにも気付き、情けなさ・恥ずかしさは倍増でした。

もし逆の立場であればどうでしょうか。

私も読経の間に咳き込むこともあります。そんな時には、「お線香の煙を吸ってしまって……」という言い訳を考えたり、「風邪と思われたくないなぁ」という思いが出てきます。いつの間に汲みに行かれたかわかりませんが、ご門徒は、そっと冷たい水の入ったグラスをお盆に載せて脇に置いてくださったことがあります。

「風邪だったら月参りに来なければよいのに」「誰か代わりの方が来てくれればよかったのに」「風邪をうつされたら困るわ」という思いとは正反対に、咳き込む私を思いやって、水を差し出していただいたのです。私よりもよほどあたたかな思いやりに満ちたご門徒の優しさでした。

風邪やインフルエンザ、花粉症などの対策として、大勢の人がいる中では、用心のためにマスクをつける方が多いですね。一つには、自分の咳やくしゃみで、ウイルスを拡散しないようにという目的ですね。もう一つは、空気中のウイルスを吸い込んでしまわないようにということです。一つは他者のために、もう一つは自分のためですね。

前半と後半の境目は？

正信偈は、大きく前半と後半にわけることができます。

お勤めをする際には、「しあ〜んにょうが〜いしょうみょうか〜（至安養界証妙果）」と「ぜんど〜うどくみょ〜うぶっしょうい〜（善導独明仏正意）」との間が、前半と後半の境のように思います。けれども、内容からすれば、そうではありませんね。

正信偈の前半は依経段、後半は依釈段と呼ばれます。

依経段は、親鸞聖人がもっとも大切になさった『仏説無量寿経』にもとづいて、阿弥陀さまの本願を讃えられる段です。「経」に「依」りながら、本願を讃えられる一「段」ですので、依経段と呼ばれます。後半の依釈段は、『仏説無量寿経』に説かれる阿弥陀さまのお心を解「釈」された七高僧のお聖教に「依」りながら記される一「段」ということです。

依経段の最後の四句がこのご文です。

ここまで長らく、「信心の利益」について話してまいりました。親のあたたかな言葉や心が、子どもの心に安心や喜びを起こすのと同じように、釈尊の言葉や阿弥陀さまの広く大きな心に触れることのできた衆生の心に生じる、安心や喜びの心を「信心の利益」として話してきました。「信心の利益」の後に続く四句が、依経段の結びです。

この箇所は、お勤めの際に、「ぜにんみょ〜うふんだりけ」「みだぶつほんがんねんぶつ」と息継ぎをせずに、一気に十四文字を読むところですから、印象的な箇所ですね。また、「難」という漢字が三回も出てくるところとしても印象深い箇所です。

浄土真宗は難しい修行もないし、厳しい決まりもないし、易しいですねと言われることが多いのですが、「易しい」印象の浄土真宗にあって、ここは「難」、つまり、かたくむずかしいということが強くアピールされる箇所なのですね。阿弥陀さまの本願念仏は、邪見憍慢の悪衆生にとっては、「難」といわれるのです。「難中の難」ともいわれ、これより「難」なことはないというほどに「難」なのです。

邪見とは

まず、邪見について、話をしましょう。

邪見とは、『浄土真宗辞典』（三〇〇頁）によれば、「よこしまな見解、誤った考え」と記され、続いて、「広い意味で仏教に背くすべての邪悪な思想のことで、とくに因果の道理を否定する考えを指すことが多い。……自力をたのみ、本願を疑う見解を指すこともある」と説明されています。

邪見とは、自分勝手な憶測で、物事を判断するということでしょう。自分の判断・推測は、正しい場合もありますが、誤っている場合もありますね。

例えば、知らない場所に初めて行く時には、正しい情報を得なければなりません。行く方法を知っている方が一緒であればよいのですが、行き方を知らない者だけで行かなければならない時には、地図を買って、行く道の下調べが必要です。インターネットで正しい情報を入手することもできますが、どちらにしても、最新の情報でなければなりません。自分の持っている情報が最新のものでなければ、道に迷ってしまいます。

自分の判断・情報が正しいと思い込んでしまうと、本当に正しい事柄を知る妨げになるということでもあります。

冒頭に、花粉症のご門徒のことを紹介しました。勝手に風邪？　インフルエンザ？　と思い込み、被害者のような感情を抱き、相手を責めるような思いまで生じた私の考えは、邪推であり、邪見以外の何ものでもなさそうです。お恥ずかしいことです。

二、自分の頑張りを誇る気持ち

お母さんが一番悲しみます

ご縁ができて毎月お参りに行き始めて、十数年が経つご門徒宅でのことです。当初から、ご自宅で姑さんを介護されていたお嫁さんとは、毎月、お話をさせていただいていました。姑さんは十年ほどご自宅におられましたが、その後に施設に入られ、ほどなく亡くなられました。通夜・葬儀、毎週の中陰と満中陰の法要が無事に済んで、しばらくして、お嫁さんから恥ずかしそうに、また悲しそうに相談をされました。

亡くなられたお母さんの財産のことで、お嫁さんの連れ合い（ご主人）とご兄弟がもめているとのことでした。ご主人は、毎日、親の介護をしたことを理由に、それ相応の取り分を主張しているそうなのですが、ご兄弟は、親の家をもらって住んでいるんだから、同居して介護をするのは当たり前だとおっしゃるようです。さらに、毎日の介護でクタクタになっているだろうと思い、介護の手助けをするために遠方からわざわざ来てあげたこともあり、その時には外出して気晴らしをさせてあげたと主張されるそうです。

介護をされたお嫁さんを思って、ご主人は取り分を主張しているのかもしれませんが、当のお嫁さん本人は、「財産をもらおうと思って尽くしてきたわけでもないので、私は主人に任せているんですけど、お母さんの生前はあれほど仲のよかった主人たちが、今、お母さんのことがもとで、もめていることをお母さんが知られたら、一番悲しまれますよね」と、ご自身も悲しそうにおっしゃいます。

「毎日の介護の方が大変だ」

「遠方から来る方が大変だ」

ともに、自分の頑張りや苦労をアピールされるのだそうです。

わたしのしごと

また別のご門徒宅でのことです。このお宅では、台所でお母さんが入れたお茶を、小学生の女の子がお盆にのせて、こぼさないようにゆっくりと上手に私の前まで運んで、丁寧にお茶を出してくれます。私がお母さんと話をしながらお茶をいただく間、女の子は弟と遊んだり、好きな本を読んだりしていますが、湯飲みを茶托に戻すとすぐに近寄ってきて、お布施を丁寧に渡してくれます。

「ちょうだいします。ありがとうね。お茶もおいしかったよ」と声をかけると、ニコニコとうれしそうな表情で玄関まで見送ってくれます。

しばらく前からは、お姉ちゃんがお茶を出す役割、弟はお布施を渡す役割を、それぞれ分担するようになりました。

弟もお姉ちゃんの真似をしたいのでしょう。ある月、お勤めが終わると、弟がサッと台所に走っていき、お母さんと一緒にお茶をのせたお盆を持ってきてくれました。

「上手に運べたね。初めて運んでくれたね」

と弟に声をかけようと思った瞬間、日頃はホントに優しいお姉ちゃんが、

「お茶はわたしのしごとでしょ！」

と言って、弟の頭をたたきました。弟はびっくりして泣き始め、お母さんに叱られたお姉ちゃんも泣き始め、私はオロオロしてしまいました。

子どもは不思議なもので、お母さんに叱られたのに、お母さんの胸や膝に顔を押しつけて、泣くのですね。大人であれば、なかなかそうはいきませんね。厳しい言葉で指摘されると、その指摘が私のためであったとしても、素直に受け入れることは容易ではありませんね。子どもにとって、親の大切さを間近に知ることができました。

さて、いつもは仲の良い二人ですが、どうしたのでしょうか。お母さんに抱きついて泣きながら、でも、一生懸命に訴えるお姉ちゃんの言葉にハッとしました。

まわりの大人はみんな弟の味方をしているというのです。何をするにしても、「お姉

ちゃんなんだから」と言われるのがつらかったようです。おやつが残っても、お姉ちゃんだから、弟にあげなさい。けんかをしても、お姉ちゃんが謝りなさい……。おもちゃを買いに行っても、弟に先に買って、残ったお小遣いで自分の物を買っているようです。「いつも他のことは我慢しているんだから、わたしのしごとを取ったらイヤや」と言うのです。

これほどまでに、お茶を出してくれることを大切に思ってくれていることに感激をしながら、「我慢しているんだから」という言葉にハッとしたのです。

我慢とは、親が子どもをしつける時などに使う言葉ですね。また、日本（人）の美徳とも考えられる言葉です。けれども、我慢とは、「我」の「慢心」ですね。私が優しいから我慢している、辛抱強い私だから我慢できている、という私のすぐれていることを驕る心ですね。小さな子どもにも、このような慢心がチラホラと見えるのですね。

「憍慢の鎧」

先に、「邪見」についてお話をしましたので、ここでは「憍慢」について考えてみましょう。『広辞苑』には「憍慢」について、「おごり高ぶること」と説明された後に、次のように説明されています。

自分のことを自ら誇るのが「憍」、他と比較して誇るのが「慢」であり、仏教で戒められる。

先に二軒のお宅での出来事を記しました。前者は大人、後者は子どもという違いはありますが、ともに兄弟・姉弟のけんかです。前者は、憍慢の「慢」と言えるでしょう。また、後者は、憍慢の「憍」と言えるのではないでしょうか。

自分の頑張りを誇り、他よりも勝れていることを誇る気持ちは、得てして、他を軽んじる想いにつながります。他者を軽んじることは、他者が私にとって大切な言葉や想いを掛けてくれていたとしても、それらを受け入れにくくしてしまいます。

このような自己をおごる憍慢の心を、親鸞聖人は、「憍慢《きょうまん》の鎧《よろい》」(『註釈版聖典』二〇〇頁)とおっしゃいます。

さて、ここでも私の恥ずかしい憍慢の想いを記します。大学生になり、住職である父の手伝いを始めた頃の出来事です。葬儀やご法事などは父でしたが、月参りなどは、少しずつ私も寄せていただくようになりました。始めは緊張したり、私で大丈夫かな、などと不安な想いが強かったのですが、「次も若さんが来てや」と言っていただくことがありました。

「お経の声が聞きやすいからかな?」「住職よりも話しやすいんだろう」と、勝手におごり高ぶる想いを抱いたこともありましたが、「次も若さんが来てや」という言葉は、不安な私の想いを見通したご門徒の優しさにあふれた言葉だったのですね。

凡夫である私の鎧のような憍慢と、憍慢の思いを丸ごとつつむような慈愛に満ちた阿弥陀さまの優しさが、依経段の結びで、「邪見憍慢悪衆生《じゃけんきょうまんなくしゅじょう》」「弥陀仏本願念仏《みだぶつほんがんねんぶつ》」と示されるのですね。

三、支えられている自分

教え子の結婚披露宴

結婚式にちなんだお話からさせていただきます。

大学や中央仏教学院で縁のあった学生から便りが届く時があります。年賀状で「結婚しました」という知らせをうけることが多いのですが、中には、結婚披露宴への出席の案内や、スピーチの依頼を受けることがあります。当時、私自身、人生の酸いも甘いも噛み分けるような年齢ではなかったので、なるほどなぁと感じる文章を紹介しながら、私なりに話をさせていただきます。先日は、次のような言葉を紹介しました。

結婚したら、嘘をつくな。自分がどういうことが不愉快なのか、どういうことが喜びに感じられるか、はっきり言いなさい。そして、相手にも、どのようなことが不愉快で、どのようなことに喜びを感じるのか、はっきりと言ってもらいなさい。もし、そういう話し合いもせず、はっきり言いもしないで、彼のためだと思って、おまえが歯をくいしばって我慢をするような生活をしていったとしても、彼がいつか、本当はお前に歯をくいしばってもらって、自分がその上に乗っかって、いい気になっていたのだと知ったら、決して幸せではないはずだ。本当に心が成熟した人間であるならば、自分だけがよければそれでいいというふうには、決して思えないものだ。自分の愛する者が喜んでいるということを知って、初めて本当の喜びを得るからだ。だから、相手に心の底から喜んでもらいたいと思うのならば、自分がまず、本当に喜び、満足しなければダメだ。〝あなたを幸せにしたいから、私は歯をくいしばって頑張っているのだ〟という、そういう姿勢は、相手を本当に幸せにするものではない。

お宗旨は異なりますが、私の親戚の結婚式で挨拶をしてくださった高名な先生のご著書にある言葉です。

挨拶などでこのような話をさせていただくと、若い新郎新婦よりも、年輩の方々がうんうんと頷いていただくことが多いのが印象的です。「歯をくいしばって私が我慢をして、あなたを支えてあげています」という思いは、なるほど私の自信や誇りになるかもしれませんが、それ以上に、私があなたに支えられていると気付き、感謝することの方が、より大切なことではないでしょうか。

人という字

人という字は、人間が歩く姿の象形文字だそうですが、人と人が支え合うたとえによく使われますね。その話を聞いて、感じることがあります。人という字は短い方（右）と長い方（左）が互いに支え合っているように見えますが、長短の違いがあるということは、対等ではないということです。長短の違いに注目すれば、右が左を支えているように見えます。しかし、左がなければ、右も倒れることは疑いのないことでしょう。つまり、右も、左も、相手がなければ倒れるところから、互いに支え合っているということになります。

相手を支えていると同時に、相手に支えられているということですが、「私があなたを支えています」という私からの名のりよりも、「私はあなたに支えられています」という感謝の心の方が、より清々しく感じられます。自ら「あなたを支えています」と名のらなくても、相手が私に感謝をしてくれることで、じゅうぶん確認することができるからです。

「難」ということ

阿弥陀仏の本願のこころは、煩悩にまみれた私たちを目当てとしてくださっています。私たちのための本願なのです。弥陀仏の本願念仏は、邪見・憍慢の悪衆生のためなのです。

けれども、邪見・憍慢の悪衆生は、自分が偉いとおごり高ぶる人です。他者と比べて、自分の方が偉いとおごり高ぶっている人です。自分を偉いと思う人は、自分のことを心配してくださっている心に想いを向けることができません。まさか、自分が誰かに支えられているなんて思わないのでしょう。自分自身を善衆生と見ることはあったとしても、邪見・憍慢の悪衆生と見ることはないのです。

ですから、邪見・憍慢の悪衆生のための阿弥陀仏の本願が、自分自身のための本願だとは受けとめにくいのですね。この構造が正信偈において、「弥陀仏の本願念仏は、邪見・憍慢の悪衆生、信楽受持すること、はなはだもつて難し。難のなかの難これに過ぎたるはなし」と説かれているのです。邪見・憍慢の悪衆生が弥陀の本願をその通りに受けとめることは、難中の難であり、これほど難しいことはないといわれるのです。難しいというよりも、不可能という響きさえ感じられます。

親鸞聖人は、また、『教行信証』に次のように記されます。

悪《あく》と憍慢《きょうまん》と蔽《へい》と懈怠《けだい》のものは、もつてこの法《ほう》を信《しん》ずること難《かた》し。
（『註釈版聖典』一四五頁、四〇一頁）

邪悪なもの、おごり高ぶるもの、誤った考えを持つもの、おこたりなまけるものは、この教えを信じることが難しい
（『教行信証（現代語版）』二六頁、五〇四頁）

「難」ということを、今一度考えてみることも大切なことですね。

おわりに（依釈段へ）

正信偈は大きく前半と後半に分けることができます。前半は、『仏説無量寿経』に依って阿弥陀仏の本願が説かれる依経段です。後半は、『仏説無量寿経』に説かれる阿弥陀仏の本願を、インド・中国・日本にわたる七高僧のお聖教に依って説かれる依釈段です。

依経段も終わりですので、正信偈の全体を見通してみましょう。

正信偈の冒頭は、特に「帰敬序」と呼ばれる二句です。「無量寿如来に帰命し、不可思議光に南無したてまつる」ですね。

無量寿如来・不可思議光はともに、阿弥陀仏のこと。帰命・南無はともに、帰依・信順するということですね。正信偈の冒頭で、阿弥陀仏に帰依します、阿弥陀仏の本願を信じますと語られるのですね。

依経段の結びでは、「信楽受持すること、はなはだもつて難し」と語られます。つまり、邪見・憍慢の自力のものが、阿弥陀仏の本願を信じることは難しいと語られるのですね。

依釈段も、みなさんと一緒に読んでまいりたいと思います。依釈段の最後、つまり、正信偈の最後は、「道俗時衆共同心《どうぞくじしゅぐどうしん》　唯可信斯高僧説《ゆいかしんしこうそうせつ》」です。出家のものも在家のものもともに、七高僧の説かれるお言葉を信じましょうということです。

正信偈の冒頭において、また依経段のまとめにおいて、そして正信偈の最後のまとめにおいて、「信」が大切だと説かれているのですね。

信じることが難しいと説かれる阿弥陀仏の本願を、七高僧のお言葉を通して、学んでまいりましょう。

（続く）

【著者紹介】
玉木　興慈（たまき　こうじ）
1969年、大阪府に生まれる。1988年、甲陽学院卒業。1992年、京都大学文学部卒業。1997年、龍谷大学大学院文学研究科真宗学専攻博士後期課程単位取得依願退学。
龍谷大学非常勤講師、大谷女子大学（現・大阪大谷大学）非常勤講師、中央仏教学院（学校教育部、通信教育部）講師、龍谷大学専任講師、同准教授を経て、現在、龍谷大学教授、大阪市此花区浄興寺住職。

【著　書】
『教行信証に問う』（岡亮二編、永田文昌堂、2001年）
『歎異抄のことば』（本願寺出版社、2015年）
『浄土思想の成立と展開』（大田利生編、永田文昌堂、2017年）
『親鸞と浄土仏教の基礎的研究』（川添泰信編、永田文昌堂、2017年）
『国際社会と日本仏教』（楠淳證・中西直樹・嵩満也編、丸善出版、2020年）
ほか、論文多数。

わたしの正信偈
教えのかなめ

2023年３月１日　初版第１刷発行
2023年11月１日　　　第２刷発行

著　者　玉木　興慈
発　行　本願寺出版社
〒600-8501 京都市下京区堀川通花屋町下ル
浄土真宗本願寺派（西本願寺）
TEL. 075(371)4171　FAX. 075(341)7753
https://hongwanji-shuppan.com/

印　刷　大村印刷株式会社

JASRAC 出 2210116-302

ISBN978-4-86696-036-4
MO02-SH2-①11-32